선과 선종

김호귀

생각의 바른 길잡이

TOPAMIN

선과 선종

김 호 귀

머리말

불교로부터 출현한 선은 불교의 역사와 함께 전
승되어 왔다. 선은 불교의 수행법만이 아니라 사상
과 문화의 일면을 형성하였다. 인도불교에서 선은
불교의 전반에 걸쳐 전개되었지만, 한자문화권에
전래된 이후에는 특수하게 하나의 종파를 형성하여
오늘에 이르렀다. 따라서 선은 선만이 아니라 선종
으로 전개되면서 고유한 역사와 사상과 문화를 지
니게 되었다.

이런 점을 감안하여 본『선과 선종』에서는 제1장
선과 선종의 역사, 제2장 선어록과 그 성격, 제3장
묵조선과 간화선의 수행으로 구성하여 선의 다양한
방면에 대하여 기술하였다. 제1장에서는 인도와 중
국와 한국에서 전개된 선과 선종의 역사를 문답의
형식으로 구성하여 34가지 문답의 주제에 대하여
간명직절하게 기술하였다. 제2장에서는 선문화의
특징으로 출현한 선어록을 주제로 삼아 선어록의
특성을 기술하였고, 중국과 한국과 일본에서 중요
하게 활용되었던 선어록을 중심으로 그 기능과 역
할에 대하여 기술하였다. 제3장에서는 중국불교에
서 조사선이 형성된 이후로 그 실천방법으로 새롭

게 출현한 묵조선과 간화선의 수행에 대하여, 좌선 중심의 묵조선과 화두 중심의 간화선은 온전히 조사선적인 풍토에서 형성되고 전승된 선수행법으로 특수한 면모로 전개되었던 점을 간결하게 기술하였다.

본서가 선과 선종의 역사, 선어록, 묵조선과 간화선의 수행에 대하여 관심을 가진 사람에게 그것을 이해하는 데에 조금이나마 도움의 계기가 되기를 바란다.

2022년 11월 저자 합장

【 차 례 】

머리말

제1장 선과 선종의 역사

<인도편>

1. 선법의 원류

질문 : 인도에서 선이 발생하여 오늘에 이르기까지 이천 오백여 년 동안 면면하게 계승되고 있습니다. 그 선법은 언제 누구에 의하여 시작되었고 또 전승되었는지 그 선법의 원류와 전승에 대하여 말씀해 주시기 바랍니다.

답변 : 선법의 원류를 말하려면 우선 선의 근원에 대하여 살펴보아야 합니다. 왜냐하면 묵조선(默照禪)은 간화선(看話禪) 및 관법(觀法)과 더불어 선수행의 한 갈래이기 때문입니다. 그것은 선을 어떻게 수행하느냐 하는 수행의 방식으로 기준으로 분류한 명칭입니다. 그런데 선의 원류(遠流)는 불교가 발생하기 이전 고대 인도로 거슬러 올라갑니다. 고대 인도에서 실행되고 있던 요가수행의 형태 및 방법은 불교가 발생한 이후에 형성된 선수행의 원형이기 때문입니다. 그러나 선의 직접적인 원류(源流)는 붓다로부터 시작되었습니다. 왜냐하면 붓다가 깨침의 방법으로서 활용한 것이 곧 선이었고 선

으로 제자들한테 수행하는 가르침을 베풀어주었기 때문입니다.

따라서 이제 선은 붓다에게서 시작되었음을 알아야 합니다. 붓다가 선의 수행을 통하여 깨침을 터득한 이후로 불교의 역사에서는 가장 보편적인 수행법으로 전승되어 왔습니다. 그런데 선수행의 방식이라는 점에서 보면 요가 내지 명상과 크게 다르지는 않습니다. 굳이 그 차이를 말하자면 궁극적인 목표를 무엇으로 간주하느냐 하는 점을 들 수가 있습니다. 선과 요가는 모두 몸의 자세를 바르게 하고 호흡을 가다듬으며 정신을 가다듬는다는 점은 동일합니다. 여기에서 요가의 목표는 후대에는 해탈이라는 목표도 가미되었습니다만 본래의 궁극적인 목표는 몸과 마음의 조화였습니다. 이와 더불어 명상의 목표는 마음의 안정을 우선시 합니다.

이에 비하여 선의 궁극적인 목표는 깨침입니다. 그 깨침을 위해서 몸을 추스르고 호흡을 가다듬으며 마음을 제어하고 집중하며 통일합니다. 이로써 선에는 당연히 명상적인 요소 및 요가적인 요소가 포함되어 있습니다. 이것이 선이 여타의 수행과 다른 점입니다. 나아가서 그 깨침의 결과로 올바른 지혜가 터득됩니다. 올바른 지혜에서는 필연적으로 보편적인 자비가 도출됩니다. 그 자비야말로 자신과 더불어 타인에 대한 지극한 사랑의 행위입니다. 이로써 불교에서 추구하는 지혜와 자비는 모두 선으로부터 유래하였고 선으로부터 전승되었으며 선으로부터 전개되었습니다.

붓다도 출가하여 처음에 시작한 수행은 요가수행이었습니다. 그만큼 요가는 당시에도 보편적인 수행으로 중시되었습니다. 붓다는 알라라칼라마 및 웃다카라마풋타라는 요가수행의 스승을 찾아가서 각각 무소유처정(無所有處定)과 비상비비상처정(非想非非想處定)의 경지를 터득하였습니다. 그러나 붓다는 그들의 목표가 중생계를 벗어나는 깨침의 추구가 아니라 죽은 이후에 천상세계에 태어나는 것임을 알았습니다. 천상세계라 해도 중생의 윤회를 벗어나는 세계는 아니기 때문에 붓다가 추구하는 깨침의 목표와는 합치되지 않았습니다. 이에 붓다는 그 요가 수행자들을 떠나서 다른 스승을 찾았습니다.

그러나 그들보다 더 훌륭한 스승은 없었습니다. 붓다는 혼자 깊이 생각하였습니다. 그 결과 스승이 없는 이상 이제는 혼자 수행하는 방법을 모색해야 했습니다. 그것이 곧 고행(苦行)이라는 것이었습니다. 고행은 그것을 지도해주는 직접적인 스승은 없을지라도 전통적으로 축적된 훌륭한 방법이 있었습니다. 그 때문에 고행은 당시에 요가수행과 더불어 가장 보편적인 수행이었습니다.

고행은 고대 인도의 사상이 그대로 응축된 수행으로서 그들의 과거세와 현세와 미래세에 대한 연속적인 관념에 토대를 두고 있습니다. 그 때문에 자신에게 부여된 고통은 어쩔 수 없이 자신이 받아야 한다는 것에서 자신이 감당해야 하는 고통을 미리 당겨서 받기도 하고 내세로 미루기도 하는 것입니다. 그리고 고통을 경험함으로써 몸에 축적된 에너지를 바탕으로 하여 궁극적으로 해탈을 터득한다는 것이었습니다. 정신이 육신에 얽매여 있는 까닭에 자유롭지 못하고 해탈하지 못하기 때문에 육신을 괴롭혀서 정신이 육신으로부터 벗어나야 비로소 자유를 터득한다는 관념을 지니고 있었습니다. 정신과 육체의 이원적인 분별의식에 바탕을 둔 것입니다. 이리하여 붓다는 당시에 내로라하는 고행주의자들이 모여서 수행하는 네란자라 강변의 우루벨라 숲으로 가서 6년 동안 끊임없이 고행정진을 계속하였습니다.

결국은 정신과 육체의 극한적인 상황을 체험하고 그것이 별개의 것이 아님을 알고서 육신을 괴롭히는 수행을 통해서는 깨침에 도달할 수 없다는 결론에 도달하였습니다. 마침내 붓다는 고행을 그만두는 것으로 목욕을 하고 음식을 섭취하여 육신을 추스르고 마음을 가다듬어 보리수 밑에서 고요한 명상을 시작하였습니다.

붓다는 이와 같은 선을 선택하여 수행을 하였고 깨침을 터득하였으며, 나아가서 선의 방법을 더욱더 보편적으로 개발하고 전승하여 교화의 방법으로 승화시켰습니다. 또한 제자들에게도 선을 통한 수행과 정진으로 매진하도록 하였습니다. 이에 선에 관한 구체적인 방법을 설하는 경전이 등장하게 되었습니다. 그러한 선경(禪

經)에서는 특히 호흡과 관련된 내용이 중요하게 간주되었습니다.

2. 붓다의 선정수행

질문 : 그러면 붓다가 선택했던 선정수행이란 무엇입니까. 만약에 붓다가 선정수행을 선택했다면 붓다 이전에 이미 선정수행이 있었다는 말이 되는데, 선정이 붓다로부터 시작되었다는 경우와 어떤 관계가 있는 것입니까. 두 가지 선정이 있었던 것인지, 아니면 붓다 자신이 선정수행을 개발하고 그것에 의거하여 수행을 했다는 것인지 궁금합니다.

답변 : 좋은 질문입니다. 당연히 그것이 궁금할 것입니다. 자, 그렇다면 붓다의 선정수행은 어떤 과정을 거쳐 완성되었을까요. 선정과 간접적으로 관련된 수행의 형식은 이전 요가수행에서 찾을 수가 있습니다. 붓다는 그것을 선정수행이라는 방식으로 채택한 것입니다. 말하자면 요가수행에 대하여 그 방식보다는 목적의 측면에서 새롭게 선정을 추구한 것입니다. 요가의 목적은 궁극적으로 정신집중 및 육신과 정신의 조화에 있습니다. 붓다는 그것을 더욱더 심화시켜 정신집중과 심신조화를 통하여 궁극적으로 깨침에 목표를 두었습니다. 따

라서 선정수행은 그 연원이 요가에 있을지라도 붓다가 의거한 선정의 시작은 붓다로부터 시작되었다고 보는 것입니다.

이제 붓다의 수행과정에 대하여 말해볼까 합니다. 일반적으로 붓다의 수행과정은 출가를 통하여 요가수행 - 고행 - 선정 - 성도의 과정을 거쳐 완성되었다는 것으로 정리됩니다. 선의 수행은 붓다가 출가하여 수행방식으로 채택한 것으로부터 본격적으로 시작되어 이후 불교 전반에 걸쳐 가장 대표적인 수행방식이 되었습니다. 붓다는 출가하여 우선 머리를 깎고 옷을 바꾸어 입는 등 소위 그 동안 세간에서 행해왔던 일체의 습속을 포기하고 수행자의 길에 들어갔습니다. 이런 점에서 곧 붓다의 출가는 단순한 행위가 아니라 우선 개인의 고통을 초월하고 궁극적으로는 깨침을 추구하는 위대한 선택이었습니다.

붓다는 출가하여 처음에 요가수행자를 찾아가 수정주의 수행을 공부하였습니다. 알라라칼라마 및 웃다카라마풋다라는 스승으로부터 육체와 정신의 합일을 위한 정신집중과 신체의 단련을 배웠습니다. 이어서 당시에 가장 보편적인 방법이었던 고행주의를 선택하였는데, 그 고행은 자신의 육체를 극한의 경지에까지 이르게 하고 그로부터 형성되는 힘을 바탕으로 하여 정신적인 해탈을 추구하는 것입니다.

여기에서 수정주의(修定主義)란 몸을 움직이지 않고

호흡을 가다듬어 정신적으로 망념과 망상이 사라지고 순수한 정신의 경계까지 들어가 오로지 정신적 자유를 향유하는 것입니다. 그리고 고행주의(苦行主義)는 해탈을 얻는데 그 정신을 장애하는 육체 때문에 부자유하고 윤회하므로 육체를 괴롭혀 정신의 자유 및 그로부터 해탈의 기쁨을 누릴 수 있다는 것을 내세우는 것입니다. 곧 수정주의는 천상세계에 태어나는 것이 그 중요한 목적 가운데 하나였습니다. 말하자면 고행주의는 육체와 정신의 분리를 통한 정신적인 자유를 추구하는 것입니다.

그러나 붓다는 여기에 만족하지 못하고 이후에 최후로 선택한 것이 선정주의(禪定主義)의 방법이었습니다. 붓다는 수정주의와 고행주의의 방법을 모두 터득한 이후에 그것을 버린 것이지 무조건 부정만 한 것은 아니었습니다. 선정주의는 육체와 정신의 조화를 통한 해탈의 방법이었습니다. 그 때문에 붓다는 그동안 초췌했던 육신을 추스르고 커다란 나무 아래에 자리를 잡고 고요히 명상에 들어갔습니다. 붓다가 경험한 선정은 여러 가지 설이 있지만, 흔히 네 단계로 나누어 설명합니다. 그것이 곧 붓다의 사선(四禪) 수행입니다.

사선의 수행은 당시에 가장 보편적이고 최고의 선정 수행으로 설정되어 있었습니다. 그 때문에 사선은 이후에 등장하는 팔선(八禪)의 개념보다 근본적인 것이었습니다. 이제 사선의 각각의 경지에 대하여 말해보고자 합니다.

초선은 번거로운 현실을 벗어나 고요한 경지를 맛보는 경험입니다. 탐욕과 성냄과 어리석음과 아만과 의심에 찌들어 있다가 잠깐이나마 그로부터 벗어나서 느끼는 내면의 순화였습니다. 그 때문에 이생희락(離生喜樂)이라 합니다. 일상생활을 벗어나 기쁨[喜]과 즐거움[樂]을 경험하는 것으로 아직은 거칠고 미세한 번뇌가 남아 있습니다. 제이선은 선정을 통한 기쁨과 즐거움의 경험으로 정생희락(定生喜樂)이라 합니다. 선정으로부터 느끼는 기쁨과 즐거움을 의미하는데 거칠고 미세한 번뇌가 모두 사라집니다. 제삼선은 지속적인 선정을 통하여 기쁨마저 벗어나고 즐거움만을 경험하는 경지로서 이희묘락(離喜妙樂)이라 합니다. 여기에서 기쁨[喜]과 즐거움[樂]이 구분되는데 감각적이고 현상적인 즐거움을 희(喜)라 하고, 정신적이고 지속적인 즐거움을 락(樂)이라 합니다. 제사선은 일체의 탐욕과 성냄과 어리석음과 아만과 의심을 여의고 즐거움마저 벗어나 모든 사념이 고요해지는 적정상태인 사념청정(捨念淸淨)의 경지로 분별적인 고(苦)와 락(樂)을 초월하기 때문에 불고불락(不苦不樂)이라고도 말합니다. 이와 같은 사선을 한마디로 정리하면 희열(喜悅) → 행복(幸福) → 평정(平靜) → 평정의 지속[涅槃]이 됩니다.

붓다는 곧 초선으로부터 제사선에 이르기까지 순차적인 수행을 통하여 그것을 반복함으로써 깨침을 경험하였습니다. 그리고 최후로 제사선에서 사마타[止]와 위빠사나[觀]의 중도균형을 바탕으로 깨침을 완성하였기 때문에 그 경험을 지관균형(止觀均衡) 내지 지관균등(止觀均等)이라 합니다. 그것은 사마타의 요소와 위빠사나의 요소가 적절하게 균형을 유지하는 중도의 상태였습니다. 이로부터 점차 사선은 보다 세분화되고 발전하여 팔정(八定)의 개념으로 설정되어 사선팔정(四禪八定)의 계위가 출현하였고, 나아가서 멸진정(滅盡定)까지 설정되어 구차제정(九次第定)으로 체계화되었습니다.

3. 사선과 팔정

질문 : 사선(四禪)과 팔정(八定)은 선정의 수행계위라고 알고 있습니다. 그렇다면 각각의 경지가 다르다는 것인데 어떻게 다르고, 무엇을 성취해야 그와 같은 경지에 도달하는 것인지 알고 싶습니다. 그리고 그와 같은 선정의 경지를 자신이 어떻게 알아차리는 것인지 궁금합니다.

답변 : 우선 사선·팔정이라는 용어에 대하여 알아둘 필요가 있습니다. 사선·팔정은 사선과 사정을 아울러 가리키는 말입니다. 사선은 위에서 말한 초선, 제이선, 제

삼선, 제사선을 가리키는 말로 사색계선(四色界禪)이고, 사정(四定)은 공무변처정(空無邊處定), 식무변처정(識無邊處定), 무소유처정(無所有處定), 비상비비상처정(非想非非想處定)입니다. 사정(四定)은 무색계에서 터득하는 선정이기 때문에 달리 사무색정(四無色定) 또는 사공정(四空定)이라고도 합니다. 이에 색계의 사선과 무색계의 사정을 합쳐서 사선팔정이라 합니다.

공무변처정(空無邊處定)은 색에 집착하는 생각을 버리고 무한한 허공을 관찰하여 그 경지에 안주하는 경지입니다. 널리 색상(色想)을 초월하고, 유대상(有對想)을 없애며, 종종상(種種想)을 남겨두지 않는 까닭에 허공이 무변하다고 생각하는 것입니다. 그리고 색계 제4선의 소연(所緣)이 되는 지변(地遍)을 초월한 공무변처(空無邊處)의 경지야말로 적정하고 무변하다고 생각합니다. 이에 공무변처정은 허공이 무변하다고 생각하면서도 그 지변을 없애갑니다. 지변을 제거하는 수행은 제거하려는 대상의 지변조차 돌아보지 않고 국집하지도 않으며 단지 그대로 두고 볼 뿐이지 의도적으로 관찰하지 않기만 하면 됩니다. 그래서 지변을 제거한다는 것은 그 지변이 닿는 공간을 '허공이다, 허공이다.'고 생각하는 것입니다. 곧 제거해야 할 대상인 지변은 부증불감(不增不減)이기 때문에 거기에는 지변을 제거하는 허공만이 인식됩니다.

이와 같이 늘 허공의 모습을 생각하고 사색하며 사유

하면 다섯 가지 번뇌가 사라지고 마음에 등지(等持)의 경지를 얻습니다. 이로써 '널리 색상(色想)을 초월한다.'는 것은 이 무색정(無色定)이 소연(所緣)을 초월함으로써 얻어지는 것이므로 색계정처럼 한 가지 소연(所緣)에만 의지하여 얻어지는 것과는 다르다는 말입니다.

그리고 '유대상(有對想)을 없앤다.'는 것은 사물을 접하는 감각기관인 육근과 육경에서 일어나는 색상(色想)·성상(聲想)·향상(香想)·미상(味想)·촉상(觸想)의 다섯 가지 유대상(有對想)을 끊어 일어나지 않게 하는 것을 말합니다. 또한 갖가지 '종종상(種種想)을 남겨두지 않는다.'에서 종종상(種種想)은 입정(入定)하지 않는 경우의 의계(意界)나 의식계(意識界)에서 일어나는 상(想)이나 상념(想念)이나 이상념(已想念) 등을 말하고, '남겨두지 않는다.'는 것은 돌아보지 않고 고려하지 않으며 관찰하지 않는다는 것으로서 욕계의 모든 심(心)과 심소(心所)를 끊는 것을 말합니다. '공이 무변하다고 생각하는 것'은 허공에 생멸이 없는 것을 무변(無邊)이라 하고, 그와 같은 허공에 마음을 두어 허공의 무변제(無邊際)의 경지가 실현됨으로써 공무변처정(空無邊處定)의 경지가 성취되어 그에 적합한 위의를 갖추어 머무는 것을 말합니다.

식무변처정(識無邊處定)은 외면적인 색상(色想)을 관찰하여 그 속박에서 벗어난 경지에서 다시 주관적인 내면의 식(識)이 증대하여 무변하다고 관찰하는 경지에 머무는 것입니다. 널리 공무변처를 초월하여 식(識)은 무변하다고 생각하면서 식무변처를 구족하여 머무는 경지입니다. '식(識)이 무변하다.'는 것은 식이 허공에 가득하여 변제(邊際)가 없이 충만하다는 것입니다. '식무변처를 구족하여 주한다.'는 것은 식은 변제가 없는 까닭에 그 무변(無邊)을 터득하여 머무는 경지입니다.

무소유처정(無所有處定)은 식이 무변하다는 주관적인 식상(識想)마저 버리고 그 무엇에도 얽매임이 없는 무소유의 경지를 관찰하여 머무는 선정입니다. 식을 생각하지 않고 다만 식이 무(無)라는 것만을 돌아보고 생각하며 관찰하는 사택(思擇)과 사유(思惟)를 하는 것입니다. 널리 식무변처를 초월하여 그 어떤 집착도 없다는 생각을 행하면서 무소유처를 구족하여 머무는 경지입니다.

비상비비상처정(非想非非想處定)은 상(想)의 초월과 비상(非想)의 초월입니다. 앞의 식무변처정은 무한한 식의 존재를 관상(觀想)하는 유상(有想)이고, 무소유처정은 심무소유(心無所有)를 관찰하는 까닭에 무상(無想)입니다. 그러나 비상비비상처정은 유상(有想)과 무상(無想)을 초월하는 경지를 관찰하여 머물기 때문에 비유상비무상처정(非有想非無想處定)이라고도 합니다. 달리 상(想)이 있다고 하더라도 아주 미세하여 알기 어렵기 때문에 비상(非想)이라 하고, 상(想)이 없다고 하더라도 상(想)은 아주 없어지지 않고 남아 있기 때문에 비비상(非非想)이라고도 합니다. 이 선정의 수행자도 다섯 가지 수행의 모습인 전향(轉向)·입정(入定)·재정(在定)·출정(出定)·관찰(觀察)에 의하여 무소유처정에서 자유를 얻습니다. 그래서 널리 무소유처를 초월하여 비상비비상처를 구족하여 머무는 경지입니다.

4. 구차제정

질문 : 사선과 팔정에 대한 내용은 잘 알았습니다. 그러면 구차제정(九次第定)은 무엇을 말하는 것입니까. 구차제정 각각의 경지와 그 뜻 그리고 그 의의에 대하여 설명해주시기 바랍니다.

답변 : 구차제정은 앞의 사선(四禪)과 사정(四定)을 아울러 이르는 사선팔정(四禪八定)에다 다시 아홉째의 멸진정(滅盡定)을 합하여 부르는 말입니다. 그 멸진정(滅盡定)은 멸수상정(滅受想定)이라고도 합니다. 이것은 육식의 경계에 있는 분별심과 분별심소의 모든 것을 소멸하여 일어나지 않게 하므로 멸진정이라 합니다. 그런데 지각이나 감각 등은 소멸한다고 하더라도 아직 수(壽) 곧 일정한 기한, 명(命) 곧 생존하는 것, 난(煖) 곧 몸의 체온, 근(根) 곧 여섯 가지 감각기관 등이 멸하지 않고 있기 때문에 죽음과는 다릅니다. 이것은 불

교의 선정을 외도들의 선정과 차별하여 설정한 개념으로서 일반적으로 부처님의 경우에만 적용하기도 합니다.

또한 차제(次第)라는 말은 반드시 초선부터 점차적으로 터득되는 것을 의미하는 것입니다. 달리 초선에서 중간의 과정을 생략하고 곧바로 멸진정을 터득한다는 초정(超定)이라는 개념은 있지만, 그것은 전통적으로 인정되지 않았습니다. 이로써 점수차제의 수행이야말로 가장 여법한 수행으로 보편화되었습니다.

그런데 여기에서 말하는 사선 · 사선팔정 · 구차제정은 마음속에서 일어나는 선정의 단계일 뿐만 아니라 불교의 우주관을 반영한 용어입니다. 곧 우리가 사는 사바세계는 수미산을 중심으로 하여 그 남쪽에 해당하는 남섬부주이고, 그 동쪽에는 승신주(勝身洲)이며, 그 서쪽은 우화주(牛貨洲)이고, 그 북쪽은 구로주(俱盧洲)입니다. 소위 사천하(四天下)입니다.

이로부터 수미산의 중턱에는 욕계의 육천을 설정합니다. 곧 사왕천(四王天 : 동쪽의 持國天 · 서쪽의 廣目天 · 남쪽의 增長天 · 북쪽의 多聞天)이 있고, 수미산의 꼭대기에는 도리천(忉利天)이 있습니다. 그 위로 다시 야마천(夜摩天) · 도솔천(兜率天) · 자화자재천(自化自在天 곧 化樂天) · 타화자재천(他化自在天)이 있습니다. 이처럼 사천하 위의 여섯 세계를 소위 욕계의 육천(六天)이라 합니다. 모두 천상세계에 해당합니다.

그 위에 다시 색계를 설정합니다. 색계는 18천으로 구성되어 있습니다. 18천을 다시 요약하여 초선천·제이선천·제삼선천·제사선천의 사선(四禪)으로 설정합니다. 초선천에는 범중천(梵衆天)·범보천(梵輔天)·대범천(大梵天)의 셋이 있고, 제이선천에는 소광천(少光天)·무량광천(無量光天)·극광천(極光天)의 셋이 있으며, 제삼선천에는 소정천(少淨天)·무량정천(無量淨天)·변정천(遍淨天)의 셋이 있고, 제사선천에는 무운천(無雲天)·복생천(福生天)·광과천(廣果天)·무상천(無想天)·무번천(無煩天)·무열천(無熱天)·선견천(善見天)·선현천(善現天)·색구경천(色究竟天 곧 阿迦膩吒天)의 아홉이 있습니다.

삼계 가운데 제일 위에는 무색계를 설정합니다. 무색계는 사정(四定)을 체험하는 세계로서 식무변처정·공무변처정·무소유처정·비상비비상처정의 넷이 있습니다.

이것은 우리가 깃들어 살고 있는 세계가 그대로 우리의 마음의 세계임을 말해줍니다. 곧 일종의 정신통일에 해당하는 욕계와 색계의 사선과 무색계의 사무색정은 모두 중생세간에서 이루어지는 선정의 경지 내지 단계로서 깨침의 경지는 아닙니다. 공간적인 삼계를 정신적인 선정의 삼계에 배대하여 나타낸 것이기 때문에 욕계·색계·무색계가 꼭 경계지어 있는 것은 아닙니다. 현재 욕계에 머물고 있다 하더라도 내 마음이 선(禪)과

정(定)의 경지에 이르면 자신은 곧 색계에도 무색계에
도 머물고 있는 셈이 되는 것입니다. 그 때문에 자신의
마음에 탐욕·성냄·어리석음·아만·의심 등 번뇌가
남아 있으면 그곳은 욕계이지만 그렇지 않으면 그곳이
곧 색계가 됩니다. 또한 자신의 나음에 물질을 의미하
는 색을 초월하면 그곳이 그대로 무색계가 됩니다. 이
로써 선정의 수행은 지금 여기에서 자신이 직접 사유하
고 닦아가고 실천하는 행위임을 드러낸 것으로 부처님
의 수행의 성격이 어떤 것인가를 말해주는 것이기도 합
니다.

5. 소승불교의 선정

질문 : 사선·팔정과 구차제정에 대해서는 어느 정도 이
해가 되었습니다. 그런데 붓다의 선정은 이후 원시불교 시
대를 거쳐서 아비달마불교 시대, 나아가서 대승불교 시대
에 이르기까지 오랜 세월 동안 수행방법이 더욱더 다양하
고 복잡하게 발전했던 것으로 알고 있습니다. 이들 다양한
선정수행에 대하여 말씀해 주시기 바랍니다.

답변 : 예, 그렇습니다. 질문한 바와 같이 붓다의 선
정수행은 오랜 세월에 걸쳐서 수많은 사람에 의하여 각
각 특색이 있는 선법으로 발전하고 전승되었습니다. 그

가운데 삼삼매(三三昧) 및 오정심관(五停心觀) 등은 가
장 전형적인 수행방식으로 정착되어 널리 활용되어 온
수행법이기도 합니다. 삼삼매와 오정심관은 시대별로
분별하자면 소위 아비달마불교 시대 곧 소승불교 시대
에 해당합니다. 이제 그와 관련된 몇 가지 수행법에 대
하여 말씀드릴까 합니다.

소승불교 시대는 상좌부(上座部)와 대중부(大衆部)의
근본 두 부파에서 지말분파(枝末分派)의 18분파를 합하
여 일반적으로 소승 20부파로 불리는 시대입니다. 그
때문에 부파불교(部派佛敎) 시대라고도 부르고, 또한
불법에 대한 교의를 연구하고 천착하던 시대이기 때문
에 아비달마불교(阿毘達磨佛敎) 시대라고도 부릅니다.
소승불교의 선정은 사선(四禪) · 사무색정(四無色定) ·
멸진정(滅盡定) · 삼삼매(三三昧) 및 이것들에 기초한
사무량심(四無量心) · 팔해탈(八解脫) · 십변처(十遍處)
등의 공덕이 열거되고 있습니다. 기타 십수념(十隨念)
과 오정심관(五停心觀) 등도 중요한 수행의 덕목이었습
니다.

소승불교 시대에는 기존의 불법에 대하여 수많은 학
파에서 다양한 교리가 천착되던 시기였기 때문에 가능
한 모든 수행의 방법, 사상 및 실천에 대하여 끝없는
교리가 창출되었습니다. 그런 까닭에 불교의 어느 시대
의 교리 못지않게 치밀하고 다양하며 복잡한 양상을 보
여주고 있습니다.

삼삼매(三三昧)의 경우 공삼매(空三昧)는 곧 아(我)·
아소(我所)의 공(空)을 의미하는 무집착삼매이고, 무상
삼매(無相三昧)는 곧 차별상(差別相)이 없는 평등삼매
를 가리키며, 무원삼매(無願三昧)는 곧 원구(願求)할
것이 없는 무작삼매(無作三昧)를 실천하는 선관입니다.
삼삼매는 달리 삼삼마지(三三摩地)·삼정(三定)·삼등
지(三等持)·삼종삼매(三種三昧)라고도 합니다. 또한 『
인왕경』에서는 삼공(三空)이라 하고, 『십지론』에서는
삼치(三治)라고 합니다. 삼삼매에는 유루(有漏)의 삼삼
매와 무루(無漏)의 삼삼매가 있습니다. 유루정의 경우
는 삼삼매(三三昧)·팔배사(八背捨)라 하고, 무루정(無
漏定)의 경우는 삼해탈문(三解脫門)·팔해탈(八解脫)이
라 합니다.

이와 같은 삼삼매를 사성제(四聖諦)와 관련하여 말씀
드리면 다음과 같습니다. 공삼매는 고제(苦諦)의 공
(空)과 무아(無我)에 상응하는 삼매입니다. 곧 제법은
인연소생이라 관찰하여 아(我)와 아소(我所)가 없다고
보는 삼매입니다. 무상삼매는 멸제(滅諦)의 멸(滅)·정
(靜)·묘(妙)·이(離)에 상응하는 삼매입니다. 열반은
곧 색(色)·성(聲)·향(香)·미(味)·촉(觸)의 5법
(法)과 남·여의 2상(相)과 생상(生相)·이상(異相)·멸
상(滅相)의 세 가지 유위상(有爲相) 등 모두 10상(相)
을 여의는 삼매로서 무상(無相)인데 이 무상(無相)을
인연하기 때문에 무상삼매라 합니다.

무원삼매는 무작삼매(無作三昧)·무기삼매(無起三昧)라고도 하는데 고제(苦諦)의 고(苦)·무상(無常)과 집제(集諦)의 인(因)·집(集)·생(生)·연(緣)에 상응하는 삼매입니다. 고제(苦諦)의 고(苦)·무상(無常) 및 집제(集諦)의 인(因)·집(集)·생(生)·연(緣)은 염오(厭惡)의 대상이고, 또 도제(道諦)의 도(道)·여(如)·행(行)·출(出)은 마치 뗏목의 비유와 같아서 집착해서는 안 되는 것이므로 불원요(不願樂)의 대상입니다. 그래서 무원삼매(無願三昧)라 합니다. 또 제법은 원요(願樂)의 대상이 아니어서 조작할 바가 없으므로 무작(無作)·무기(無起)라 합니다. 다만 고제(苦諦)의 공(空)·무아(無我)는 열반상(涅槃相)과 비슷하여 버려야 할 대상이 아니므로 무원삼매(無願三昧)에서는 그것을 취하지 않습니다.

십변처(十遍處)는 십편처(十徧處)·십일체처(十一切處)·십선지(十禪支)·십편처정(十徧處定)라고도 하는데, 정(靑)·황(黃)·적(赤)·백(白)의 4색과 지(地)·수(水)·화(火)·풍(風)·공(空)·식(識)의 6대 등 10가지 대상을 낱낱이 취하여 일체처에 주편(週遍)시켜 관찰하는 수행방법입니다. 10가지 가운데 앞의 8가지는 욕계와 색계의 색(色)을 인연하여 색(色)의 청정을 관찰하고, 뒤의 공(空)과 식(識)의 두 가지는 공무변처정과 식무변처정을 소의선정으로 삼아서 수(受)·상(想)·행(行)·식(識)의 4온을 인연하여 수행하는 방법입니다.

일반적으로 수행을 그 성격을 기준으로 하자면 정수행(正修行)과 방편수행(方便隨行)으로 나누어볼 수가 있습니다. 정수행은 본격적인 수행으로서 깨침을 향해 나아가는 것입니다. 반면 방편수행은 예비수행으로서 본격적인 수행에 앞서 번뇌를 제거해 나아가는 수행입니다. 비유하자면 등산을 할 경우에 어느 산에 갈 것인지, 누구와 함께 갈 것인지, 언제 갈 것인지, 어느 길로 갈 것인지, 어디까지 갈 것인지, 무엇을 가지고 갈 것인지, 산에 올라갈 만한 체력은 충분한지 등등에 대하여 점검하고 준비하는 것은 예비수행으로서 방편수행에 해당합니다. 그러나 정수행은 그로부터 본격적으로 직접 목표로 삼은 산에 올라가는 것입니다. 이와 같은 수행의 성격 가운데 오정심관(五停心觀)은 방편수행적인 성격이 강합니다. 그렇다고 딱히 방편수행이라고만 할 수는 없습니다. 오정심관을 통하여 깨침에 도달하는 경우도 있기 때문입니다.

이에 오정심관(五停心觀)은 다섯 가지 번뇌심을 그치는 관법수행입니다. 번뇌심을 그치는 수행은 달리 방편수행이라고 합니다. 각각의 다섯 가지를 모두 이행할 필요는 없습니다. 자기에게 해당하는 항목을 선택하여 수행하는 개별적인 수행이기 때문입니다. 구체적으로 말하자면 탐욕이 많은 사람은 부정관(不淨觀)·성냄이 많은 사람은 자비관(慈悲觀)·어리석음이 많은 사람은 연기관(緣起觀, 因緣觀) · 아(我)에 집착이 많은 사람은 계차별관(界差別觀) · 산란심이 많은 사람은 수식관(數息觀, 念佛觀)을 수행하는 방법입니다. 곧 5종의 관법으로서 5종의 과실을 극복하는 것입니다. 이것은 소승 3현의 첫째로서 성문승이 입도(入道)하는 관문인데 여기에 2종이 있습니다.

첫째, 부정관은 경계가 부정한 형상을 관찰하여 탐욕을 그치는 방법으로서 탐착이 많은 사람에게 유용합니다. 몸이 부정하다고 관찰하는 것에 2종이 있습니다. 첫째는 자신(自身)의 부정을 관찰하는 것이고, 둘째는 타신(他身)의 부정을 관찰하는 것입니다.

자신의 부정을 관찰하는 것에는 9종이 있습니다. 곧 ① 사상(死想, 燒想), ② 창상(脹想), ③ 청어상(靑瘀想), ④ 농란상(膿爛想), ⑤ 괴상(壞想), ⑥ 혈도상(血塗想), ⑦ 충담상(蟲噉想), ⑧ 골쇄상(骨鎖想), ⑨ 분산상(分散想) 등입니다.

한편 관찰의 대상으로서 시체를 선택할 경우에 『해탈도론』에 의하면 그 시체가 변해가는 10상(想)은 다음과 같습니다. 창상(脹想)은 시체가 부풀어 오른 모습이고, 청어상(靑淤想)은 시체의 색깔이 검푸르게 변하는 모습이며, 농란상(濃爛想)은 시체가 곪아 터지는 모습이고, 기척상(棄擲想)은 시체가 마디마다 잘린 모습이며, 담상(啖想)은 시체가 동물들에게 뜯어 먹히는 모습이고, 신육분장상(身肉分張想)은 시체가 여기저기로 흩어지는

25

모습이며, 산상(散想)은 시체의 살이 헤쳐지고 흩어지는 모습이고, 혈도상(血塗想)은 시체에 피가 온통 뒤범벅이 되어 엉겨 붙은 모습이며, 충취상(虫臭想)은 시체에 온통 벌레가 가득히 모여든 모습이고, 골상(骨想)은 마지막에 남은 해골의 모습입니다.

그리고 타신의 부정을 관찰하는 것에는 5종이 있습니다.

① 종자부정(種子不淨)은 과거의 업이 종자가 된 것으로 부모의 정혈(精血)로 몸을 받은 것이라 관찰하는 것입니다. ② 주처부정(住處不淨)은 모태의 부정한 곳에 머물러 있는 모습을 관찰하는 것입니다. ③ 자상부정(自相不淨)은 몸의 아홉 구멍에서 항상 침과 눈물과 대소변 등이 흘러나오는 것을 관찰하는 것입니다. ④ 자체부정(自體不淨)은 36종의 부정물이 합성된 몸이라고 고 관찰하는 것입니다. ⑤ 종경부정(終竟不淨)은 몸이 죽어 묻히면 흙이 되고 벌레에게 씹히면 똥이 되며 불에 타면 재가 되어 구경에 어떤 청정한 모습도 추구할 바가 없다고 관찰하는 것입니다.

둘째, 자비관은 일체유정을 보고 불쌍하다는 마음을 일으켜 성냄을 그치는 방법으로 화를 잘내는 사람에게 유용합니다. 화를 내는 것은 불만족하기 때문입니다. 불만족은 일체의 대상을 자비로운 마음으로 바라보면 자연스럽게 사라지기 때문입니다.

셋째, 인연관은 12연기 및 삼세가 상속하는 이치를

관찰하여 어리석음을 그치는 방법으로 우매한 사람에게 유용합니다. 불교에서 어리석다는 것은 곧 연기법에 어둡거나 무시하고 믿지 않는 것을 말합니다. 이에 세계의 모습이 연기의 도리에 의하여 형성되고 소멸되는 원리를 파악하는 것이야말로 어리석음을 벗어나는 길이 됩니다.

넷째, 계분별관은 제법에 대하여 6계·12계·18계로 분별하여 아견을 그치는 방법으로 아집이 강한 사람에게 유용합니다. 아만과 아집은 자신과 어떤 대상에 대하여 그것이 영원불변하다는 생각에 사로잡혀 있기 때문에 나타나는 번뇌입니다. 이에 모든 존재는 고정불변의 모습이 아니라 육근과 육경과 육식의 관계로 나타나고 사라지는 것임을 분별해보는 것입니다.

다섯째, 수식관은 호흡을 헤아려 산란심을 그치는 방법으로 산만한 사람에게 유용합니다. 호흡을 주의집중하여 관찰하면서 그 수를 헤아리다보면 들뜬 마음이 사라지고 안정을 터득하기 때문입니다. 수식관은 달리 관불(觀佛)의 방법 내지 염불의 방법으로 대치하기도 하는데, 이 경우에 부처님의 상호를 관찰함으로써 일체의 번뇌를 다스리는 방법으로 업장이 많은 사람에게 유용하기 때문입니다.

또한 육묘문(六妙門)이란 수행법이 있습니다. 아나파나 곧 안반(安般)에 대하여 설하는 육묘문입니다. 곧 수(數)·수(隨)·지(止)·관(觀)·환(還)·정(淨)입니다. 수(數)는 입식과 출식을 헤아려 정신이 산일한 것을 막고 방편으로 정(定)에 드는 것입니다. 수(隨)는 수행자의 심(心)·기(氣)·식(息)이 서로 좇아 여의지 않아 출(出)해서는 시방에 달하고 입(入)해서는 온몸에 미쳐 그것을 관찰하는 것입니다. 지(止)는 염(念)을 코 끝 등에 안주시켜 부단히 식(息)을 관찰하는 것입니다. 관(觀)은 식풍(息風)이 어떤 것인가를 관찰하여 점차 정지(正智)를 돌이켜서 오온(五蘊) 등의 경지를 실(實)과 같이 요지하는 것입니다. 환(還)은 식(息)을 관찰하는 정지(正智)를 돌이켜서[還] 사념처(四念處)를 닦고 내지 열반에 이르는 것입니다. 정(淨)은 일체의 번뇌를 정제(淨除)하여 성과(聖果)를 증득하는 것입니다.

또한 16특승(特勝)은 곧 16승(勝)·16승행(勝行)·16특승행(特勝行)·16안나반나행(安那般那行)은 출입식을 염(念)하여 행하는 16종의 관법으로 수식관을 더욱더 분별하고 확충한 것입니다. 부정관법이 소극적인 것에 비하여 특별히 뛰어난 점이 있기 때문에 특승이라 말합니다.

6. 대승불교의 선정

질문 : 소승불교 시대의 수행에 대해서는 참으로 복잡하고 다양하다는 것을 알았습니다. 그렇다면 이후 시대에 해

당하는 대승불교 시대에는 선정수행이 어떤 모습으로 나타
나고 또 전승되었는지 궁금합니다. 이에 대하여 대승의 선
정에 대하여 말씀해 주시기 바랍니다.

　답변 : 아비달마불교 시대로 일컬어지는 소승불교 시
대는 말 그대로 아비달마 곧 법에 대하여 각각의 견해
가 가장 자유롭게 피력된 시대입니다. 따라서 똑같은
교리에 대해서도 학파의 숫자 만큼이나 다양하고 세밀
한 교리와 이론이 전개되었습니다. 이와 같이 번쇄한
소승불교의 학설은 본래의 종교적인 목적 곧 고통으로
부터 인간을 해탈시켜주려는 붓다의 가르침을 상대적으
로 소홀히 간주하게 되었습니다. 이로써 붓다의 성스러
운 정신은 현저하게 형식불교 · 해석불교에 떨어져 세간
의 대중을 떠나서 거의 전문가들만의 위안물이 되어 붓
다의 참된 정신을 상실하게 되었습니다. 이러한 폐풍을
일소하고 붓다의 근본정신을 시대에 되살리려고 일어난
것이 대승불교 운동입니다.
　『반야경』을 선구로 하는 대승불교가 대두된 것은 기
원전 1세기 무렵이었습니다. 『반야경』은 600권의 일대
총서(一大叢書)로서 그 주요 핵심은 제법개공(諸法皆
空)을 설하고 있습니다. 제법개공이란 모든 존재의 고
정적인 실체관념과 거기에 고집하는 태도를 타파하는
것입니다. 인도의 대승불교 시대는 약 1200년이라는 장
구한 세월 동안 계속되었기 때문에 시기를 나누어보는

것이 일반적입니다.

　인도의 제1기 대승경전으로는 『반야경』·『유마경』·『법화경』·『화엄경』 등이 있습니다. 『반야경』 속의 『금강경』은 반야의 불가득공(不可得空)을 설하여 응무소주이생기심(應無所住而生其心)의 뜻을 설명하고 있습니다. 응무소주(應無所住)는 반야개공을 가리키고, 이생기심(而生其心)은 공관을 매개로 한 자기의 각성(覺醒) 곧 불성의 현전을 말합니다. 따라서 이 경전은 이후에 선문(禪門)과 깊은 관계를 지니게 되었습니다.

　『유마경』은 소승자리(小乘自利)의 독선을 파하고 이타(利他)를 기본으로 하는 불법의 생활화를 강조합니다. 그리고 묵묵히 문자언어라는 것도 없다고 하여 직심(直心)이 곧 도량(道場)임을 말하고, 좌(坐)하는 것도 반드시 연좌(宴坐)에만 있는 것이 아니라고 설하며, 불이법문(不二法門)의 실천적 파악을 보여주고 있는 점 등은 진실로 선사상 및 선수행을 뒷받침하는 가르침이라 할 수 있습니다.

　『화엄경』은 불타의 자내증(自內證)에 기초하여 광대한 묘유(妙有)의 세계관을 전개하여 일즉다(一卽多)·다즉일(多卽一)·주반구족(主伴具足)·중중무진(重重無盡)의 연기관계를 보여주고 있습니다. 이로써 버들은 푸르고 꽃은 붉다는 유록화홍(柳綠花紅)과 같은 일상의 절대현실에 철저하고, 어느 것 하나 깨침으로부터 벗어나 있지 않은 전일(全一)한 불법생활을 역설한 경전입니다. 그리고 청정한 일심을 드높이고 전일(全一)한 생활을 강조하여 보리심과 그 실천으로 승화시킨 점은 이후 조사선법의 사상적인 뒷받침이 되었습니다. 그러므로 선과 화엄의 결합은 일찍부터 행해져 화엄선이라는 것도 출현하였습니다.

제2기 대승경전으로서는 『열반경』·『승만경』·『해심밀경』 등이 있다. 『열반경』은 법신(理法)은 영원하여 변역되지 않는다고 하며, 일체의 중생에게 성불의 선천적 근거로서 불성이 있다는 것을 보이고, 단선근(斷善根)이라는 일천제(一闡提)까지도 성불할 수 있다고 역설하는 경전입니다. 그 실유불성(悉有佛性)의 가르침은 선문의 즉심시불(卽心是佛) 내지 견성성불(見性成佛)의 사상적 근거가 되었다는 것은 말할 나위도 없습니다. 그것은 여래장을 설하고 있는 『승만경』·『여래장경』·『부증불감경』에 있어서도 하등의 차이가 없습니다.

제3기 대승경론은 『능가경』·『기신론』 등을 들 수가 있습니다. 『능가경』은 대승의 제교설을 여러 가지로 모아서 잡록한 것이지만 아뢰야식과 여래장을 조화시키려고 시도한 경전입니다. 그 불심과 여래장을 설하여 4종류의 선을 말한다. 특히 여래선을 설명하여 여래의 불설일자(不說一字) 혹은 불설즉불설(不說卽佛說)의 이치를 설명하고, 불립문자를 강조하며, 사돈·사점(四頓·四漸)을 설명하고 있는 점은 선과 밀접한 관련을 지니고 있는 근거입니다. 달마는 4권 『능가경』을 혜가에게 주

고 그것을 심요(心要)로 삼을 것을 부탁하였다는 것으
로부터 더욱더 관계가 깊습니다.

대승불교는 교화하는 입장에 서서 무애자재를 중시하
기 때문에 우선 그 근본정신을 취하고, 다시 이상(理
想)을 주(主)로 삼는 불위(佛位)에 기초하여 향하(向
下)하려고 하기 때문에 저절로 이타적인 되었습니다.
그것이 목표로 하는 것은 한결같이 불타의 근본정신으
로 살아가며 그것을 우리네 인격에 구현하여 사회에 그
이상을 실현하려는 점에 있습니다. 그 때문에 대승의
제경전은 불타의 체험내용을 보여주려는 문학적 표현이
기도 합니다. 그리고 불교정신을 그 근저에서 취하고,
그 정신으로 살아가려는 데에는 선정 이외에는 취해야
할 길이 없을 것입니다. 대승의 제경전이 한결같이 입
정 또는 출정이라는 설법의 형상에 의하여 나타나 있는
이유도 확실히 여기에 있습니다.

대승불교의 선정은 주로 대승경전에 나타난 삼매를
중심으로 이루어지는 선정을 말합니다. 곧 『반야경』계
통의 공삼매, 『법화경』의 무량의처삼매(無量義處三昧),
『화엄경』의 해인삼매(海印三昧), 『열반경』의 부동삼매
(不動三昧) 등이 있습니다. 이들을 중심으로 하는 대승
의 선관으로는 관불삼매(觀佛三昧) · 법화삼매(法華三
昧) · 수릉엄삼매(首楞嚴三昧) · 일행삼매(一行三昧) ·
제법실상관(諸法實相觀) · 관무량수경법(觀無量壽經法,
般舟三昧) 등이 그 일례입니다.

<중국편>

1. 선법의 중국 전래

질문 : 선법이 인도에서 발생하였고, 이후에 시대에 따라서 더욱더 다양하고 세련된 방식으로 전개되어 왔다는 것을 알게 되었습니다. 그런데 오늘날 우리가 말하는 선이라면 흔히 중국의 선이 전부인 것처럼 알고 있는 경우가 많습니다. 그것은 인도에서 13세기 초에 불교가 소멸된 것과도 관련이 깊습니다. 그 때문에 우리가 알고 있는 중국의 선은 어떻게 형성이 되었는지 말씀해 주시기 바랍니다.

답변 : 중국선은 보리달마의 서래로부터 그 시작을 잡습니다. 그것은 오늘날까지 전승되어 온 선법이 모두 보리달마의 법손들에 의하여 형성되고 발전되며 전승되어왔기 때문입니다. 그러나 중국에 불교가 공식적으로 전래된 것은 기원 이후 67년을 기준으로 삼고 있습니다. 중국의 불교사에서 불교가 전래되면서부터 가장 먼저 나타난 현상은 아무래도 전래된 경전의 번역이었습니다. 전래된 경전에는 선법과 관련된 다수의 경전, 이를테면 선경(禪經)이 포함되어 있습니다. 가령 『안반수의경』, 『좌선삼매경』, 『선법요해경』 등 수많은 경전이 한역됨으로써 그에 근거하여 실제로 선수행을 실천하는

사람들이 나타났습니다. 이후에 보리달마의 법손들은 그 일군의 무리들을 소위 습선자(習禪者)라 불렀습니다. 이것은 오늘날까지 전승되어 온 선법을 정통으로 간주하는 입장에서 바라본 결과로서 본격적인 선법의 부류에서 제외시킨 결과였습니다. 아무튼 이들 습선자들은 보리달마가 중국에 도래한 6세기 초반 무렵까지 활약했던 사람들로서 한때는 상당한 발전을 보였습니다.

이들 습선자들에 대해서는 『양고승전』의 「습선편」에 의하면 인도와 서역으로부터 중국에 건너온 외국승려들의 문하에서 수학했다기보다는 직접 선정을 닦은 것으로 보이는 인물로 아라갈(阿羅竭) · 승현(僧顯) · 영소(令韶) · 지둔(支遁) · 백승광(帛僧光) · 담유(曇猷) · 혜위(慧嵬) · 현호(賢護) · 지담란(支曇蘭) · 법서(法緖) 등이 있습니다.

이것은 중국에 보리달마가 본격적으로 선법을 전하기 이전에 이미 전역된 선경을 통하여 도래한 승려들 뿐만 아니라 중국의 현지인들에게도 선법이 실행되고 있었음을 말해주는 것입니다. 당시 외국선승으로서 중국에 크게 영향을 끼친 사람으로는 불타발타라(佛馱跋陀羅) · 담마밀다(曇摩蜜多: 356-442) · 강량야사(畺良耶舍) · 담무비(曇無臂) · 담마야사(曇摩耶舍) · 구나발마(求那跋摩) · 승가달다(僧伽達多) · 승가다라(僧伽多羅) 등이 있었습니다.

한편 『속고승전』의 습선자들에 대한 기록을 보면 이전의 습선자들이 주로 소승계통의 습선자였음에 비하여 그와는 약간 달리 대승선을 수행한 것으로 등장하고 있습니다. 『속고승전』에 수록되어 있는 습선자의 수는 무려 95명에 달합니다. 이러한 추세는 시대가 흐를수록 더했으며, 『속고승전』으로부터 『송고승전』이 출현하는 시대는 중국의 불교사에서 선이 중국적으로 토착화되어 가는 모을 잘 반영해주고 있습니다.

『속고승전』의 「습선편」에 기록되어 있는 인물 가운데 외국인으로 유명한 사람은 늑나마제(勒那摩提)와 불타선사(佛陀禪師) 등이 있습니다. 특히 불타선사의 제자인 승조(僧稠)가 유명합니다. 승주는 사념처법(四念處法)과 십육특승법[1]을 수행하여 모든 욕망을 여의고 깊은 선관의 뜻을 터득했다고 합니다. 이 승주에게서 지도받은 습선자가 천육백 명에 이르렀다고 합니다. 이로써 보자면 보리달마가 도래하여 활동하던 당시에는 승주의 사념처법이 대세였을 뿐만 아니라 습선자라고 폄하할 이유도 없었습니다. 그러나 역사는 언제나 그 역사를 기록하는 후손들의 손에 의하여 평가되어 왔습니

---

1) 十六特勝法의 特勝은 4념처 등의 관법보다 뛰어난다는 뜻이다. 곧 처음 調心으로부터 비상비비상처정에 이르기까지 각 계위마다 觀照하여 無漏善業을 일으키고 自害의 과실은 厭惡하기 때문에 特勝이라 한다. 16은 ① 知息入, ② 知息出, ③ 知息長短, ④ 知息偏身, ⑤ 除諸身行, ⑥ 受喜, ⑦ 受樂, ⑧ 受諸心行, ⑨ 心作喜, ⑩ 心作攝, ⑪ 心作解脫, ⑫ 觀無常, ⑬ 觀出散, ⑭ 觀離欲, ⑮ 觀滅, ⑯ 觀棄捨이다.

다. 당시에 세력이 어찌 되었든간에 오늘날의 기준으로
는 보리달마의 선법이 정통으로 전승되어 오고 있습니
다.

양나라 무제 시대에는 보리달마 이외에 승부(僧副)와
혜초(慧初) 등은 산과 계곡에서 은둔생활을 하면서 깨
침을 추구하는 선수행을 하였지만, 부흡(傅翕)은 대승
적인 선법을 실천하였습니다. 부흡에게는 『심왕명(心王
銘)』이라는 저술이 있는데 이 가운데는 나타나 있는 즉
심즉불(卽心卽佛)이라는 개념은 후대 조사선의 맹아가
되었습니다.

2. 보리달마

질문 : 보리달마의 법손들이 습선자들을 보리달마의 선
법과 구별했다면 보리달마의 선법은 어떤 것입니까. 그리
고 습선자들의 선법과 다르다면 어떤 점에서 다른지 말씀
해 주시기 바랍니다.

답변 : 선이 중국에 전래되고 나서부터는 그 행적(行
的)인 문화성격과 결부되어 일찍이 인도에서는 볼 수
없었던 특색을 발휘하게 됩니다. 중국에 있어서 처음
독립적인 한 계통을 이룬 선종은 보리달마의 서래(西
來)에서 기인합니다. 물론 달마가 서래한 당시의 교학

계는 이와 같은 특이한 선자를 맞아들이기 위해서는 꽤 높은 수준에 도달해 있지 않으면 안 되는 상황이었습니다.

이 무렵 인도의 제경론은 그 중요한 것이 거의 전역(傳譯)되어 그 연구와 실수도 점차 성황을 이루고 있었는데, 특히 대승선관에 대한 관심은 자연히 하나의 흐름을 이루고 있었습니다. 망망한 천 오백 년 동안 중국 문화에 깊이 삼투한 선종의 역사적인 전개는 대개 선의 형성시대 · 발전시대 · 전개시대 · 융합시대로 구분해볼 수가 있습니다.

우선 보리달마(菩提達磨)로부터 조계혜능(曹溪慧能)에 이르기까지 200여 년 동안은 선종의 형성시대로 간주합니다. 이 시대의 선종은 돈황문헌 및 『보림전(寶林傳)』 · 『조당집(祖堂集)』 등의 출현에 의하여 재검토가 이루어져 왔습니다.

달마는 처음 뜻을 대승에 두고 마음을 허적(虛寂)에 명합시키는 정학(定學)의 사람이었습니다. 그러나 후에 인도에서 정법이 쇠미해지는 조짐을 보고는 슬퍼하여 멀리 산해(山海)를 넘어 표연히 중국으로 유화하였습니다. 보리달마가 중국에 도래한 일화에 대해서는 『낙양가람기』 · 『보리달마남종정시비론』 · 『보림전』 · 『조당집』 · 『경덕전등록』 등을 통해 살펴볼 수가 있습니다.

우선 그 시기에 대해서는 480여 년 무렵 총령산맥을 넘어왔다는 설과, 520여 년 무렵 바닷길을 통해서 도래했다는 설이 있습니다. 또한 보리달마의 출신지역에 대해서는 페르시아 출신이라는 설과 남인도 출신이라는 설이 있습니다. 그 상황이야 어찌되었든 간에 오늘날에는 남인도 출신으로 바닷길을 통하여 도래했다는 설에 의거하여 말해보고자 합니다.

바야흐로 보리달마의 중국 도래로부터 중국의 선법은 시작되었습니다. 그 단정인 일례는 보리달마와 양나라 무제 사이의 일화에서 찾아볼 수 있습니다. 이심전심의 선법을 통하여 부처님의 정법안장을 전하기 위해 인도로부터 수천 리 떨어진 중국에까지 건너 온 달마에게는 불조혜명(佛祖慧命)의 계승이라는 분명한 목표가 있었습니다. 그러나 막상 중국에 와서 부딪친 것은 그것과는 너무나 다른 유루공덕(有漏功德)의 모습이었습니다. 보리달마가 생각하고 있는 공덕의 입장과 무제가 생각하고 있는 복덕의 입장에 서로 괴리가 있었습니다. 오늘날 용어로 말하자면 서로 코드가 맞지 않았던 것입니다. 『경덕전등록』에 수록되어 있는 내용은 다음과 같습니다.

무제가 물었습니다. "짐이 즉위한 이래 절을 짓고 사경하며 스님을 배출한 일이 수없이 많았습니다. 그러니 어떤 공덕이 있습니까." 달마가 말했다. "공덕이 없습니다." "왜 공덕이 없다는 겁니까." "그것은 단지 인간세상과 천상세상의 작은 공덕으로서 유루의 인

(因)일 뿐입니다. 그래서 마치 형체를 따라 나타난 그림자와 같은 것이라서 진실한 것이 못됩니다.""그러면 진실한 공덕이란 무엇입니까.""청정한 지혜는 미묘하고 원만하여 체성이 공적한데 그 공덕은 세간에서는 얻을 수 없습니다." 그러자 무제가 또 물었습니다. "그렇다면 어떤 것이 성스러운 제일의제(第一義諦)입니까." 달마가 말했다. "성스러운 것은 없습니다.""그러면 지금 제 앞에 있는 그대는 누구입니까." "저도 제가 누구인지 모르겠습니다." 이 말의 뜻을 무제가 알아듣지 못하자 달마는 근기가 맞지 않음을 알아차렸습니다.

이것은 바로 달마의 무루법(無漏法)과 무제의 유루법(有漏法) 사이에서 나타난 괴리의 결과였습니다. 달마가 추구한 것은 사탑의 조성, 경전의 유포, 스님의 배출, 구복신앙과 같은 유형적인 공덕이 아니었습니다. 사람마다 제각기 함유하고 있는 불성의 현현이었습니다. 달마는 그것을 『이종입(二種入)』에서 다음과 같이 말하고 있습니다.

대저 깨침에 들어가는 길은 많지만 요점을 들어 말하자면 두 종류가 있습니다. 하나는 이입(理入)이고, 다른 하나는 행입(行入)입니다. 이입이란 경전의 가르침에 의지하여 종지를 깨치는 것입니다. 곧 모든 중생이 성인과 동일한 진성을 지니고 있으나 객진의 망상에 뒤덮여 드러내지 못하고 있음을 철저히 믿는 것입니다. 만약 망상을 버리고 진성으로 돌아가려면 조용히 벽관을 행하여 자타가 없고 범성이 동일함을 굳게 지켜 움직이지 않아서 다시는 언교를 따르지 않아야 합니다. 이처럼 이치에 그윽하게 계합하여 분별심이 없이 적연무위(寂然無爲)한 경지를 바로 이 입이라 합니다.

곧 모든 중생이 동일한 진성(眞性) 곧 불성을 지니고 있음을 철저하게 믿고, 그것을 구현하기 위해서는 달리 언어문자의 가르침을 방편을 삼아 종지를 깨치는 것일 뿐이지, 그것에 얽매이지 말고, 벽관(壁觀)을 통해 진리에 계합해야 한다는 것입니다. 이와 함께 보리달마의 태도는 한결같이 간명직절(簡明直截)한 교수법을 보였습니다. 그 까닭은 마음의 깊은 심연을 직지(直指)하는 방법으로 달마가 선택한 최선의 방법이었기 때문입니다. 이런 점이야말로 기존의 습선자들이 내세우는 선법과는 다른 달마의 선법이 지니고 있는 특색이었습니다.

3. 보리달마 선법의 전승

질문 : 보리달마의 선법이 지금까지 단절되지 않고 전승될 수 있었던 데에는 깨침에 대한 스승의 인가 및

그 전승방식과 깊은 관련이 있습니다. 이것은 후대에 선종이 존속할 수 있었던 중요한 계기였습니다. 그렇다면 보리달마가 제자에게 전법한 방식과 그 의의는 무엇입니까.

답변 : 선의 목적은 깨침이라 말할 수 있습니다. 깨침은 자신이 깨치는 것입니다. 그러나 전적으로 자신의 것만은 아닙니다. 깨침은 반드시 스승의 인가를 받아야 합니다. 그렇지 않은 깨침은 천연외도에 불과합니다. 곧 자기만족의 경험일 뿐입니다. 이런 점에서 깨친 이후에는 인가(印可)라는 과정이 없어서는 안 됩니다. 그런 점에서 인가는 제자와 스승이 서로 이심전심하는 경험입니다. 보리달마는 시대에는 스승과 제자가 일대일로 수수(授受)하는 방식이었는데 그것은 이후 육조혜능 시대까지 하나의 전통으로 형성되었습니다. 감히 제삼자가 엿보지 못했던 것입니다.

그것이 지금까지 불조정전의 선법으로 전해 온 것은 우선 사자상승(師資相承)의 상면수수(相面授受)라는 방법에 토대를 두었기 때문입니다. 일례로 선가에서 이심전심의 방식인 심심상인(心心相印)은 염화미소(拈花微笑)로 대표되는 『대범천왕문불결의경』에서 그 연원을 찾아볼 수 있습니다.

그때 대범천왕이 부처님께 사뢰었다. '세존께서는 출

세한 이후 40여 년 동안 갖가지 설법을 하셨습니다. 그런데 어떤 것이 일찍이 없었던 법이며, 어떤 것이 언설로 행한 법입니까. 원컨대 세간의 모든 인간세상과 천상세상을 위하여 가르침을 내려주십시오.' 말을 마치고 금색의 큰 바라꽃 천 잎을 가지고 부처님 위에 뿌렸다. 그리고 나서 물러나 몸으로 자리를 만들어 그 위에 앉으시기를 기다리고 있었다. 그때 세존께서 그 자리에 자리를 잡고 앉아 조용히 꽃을 들어 대중에게 보이셨다. 그러나 백만의 人과 天 및 비구들이 다 묵연히 있었다. 그런데 대중 가운데 오직 마하가섭 존자만이 그것을 보고 파안미소하면서 자리에서 일어나 합장하고 바로 서 있으니 말은 없었으나 기품이 있었다. 그때 부처님께서 마하가섭에게 말씀하셨다. '나에게 정법안장(正法眼藏) 열반묘심(涅槃妙心) 실상무상(實相無相) 미묘법문(微妙法門)이 있어 불립문자 교외별전으로 지혜 있는 이나 없는 이나 인연을 만나 증득케 하다. 이제 오늘 이것을 마하가섭에게 부촉하니, 마하가섭은 미래세에 제불을 받들어 장차 성불할 것이다.'

이것은 세존의 염화와 가섭의 미소라는 상징적인 에피소드를 통하여 깨침의 인가를 드러내고 있습니다. 이것은 이후 선가에서 스승과 제자간에 있어서 상면수수(相面授受)하는 하나의 알맹이로서 그 역할로 전승되었습니다. 이와 같은 방식을 통하여 인가를 받은 제자는 다시 전법의 경험이 필요합니다. 전법을 통해야만 비로소 정법안장의 자격이 주어지고 출세할 수가 있게 됩니다. 이 경우 달마는 혜가를 비롯한 제자들과의 피·육·골·수(皮·肉·骨·髓)의 문답을 통하여 정법안장을 전법하였습니다.

달마가 중국에 도래한 지 9년이 지나자 이제 천축으로 돌아가려고 제자들에게 말했다. "바야흐로 때가 되었다. 그대들은 각자 얻은 바를 말해보라." 도부가 말했습니다. "문자에 집착하지도 않고 문자를 여의지도 않는 도를 의용하게 되었습니다." 달마가 말했다. "그대는 내 피부를 얻었다." 총지 비구니가 말했습니다. "제가 이해한 바는 아난이 아촉불국을 보고 나서 다시는 보지 않는 경지입니다." 달마가 말했다. "그대는 내 살을 얻었다." 도육이 말했습니다. "사대가 본래 공하고 오음도 없습니다. 그리하여 저의 견해로는 일법도 얻을 바가 없게 되었습니다." 달마가 말했다. "그대는 내 뼈를 얻었다." 마지막으로 혜가는 예배를 하고는 그 자리에 다소곳이 서 있었습니다. 그러자 달마가 말했다. "그대는 내 골수를 얻었다." 이에 혜가를 향해 말했다. "옛날 여래께서 정법안장을 가섭 대사에게 부촉하신 이후 계속 이어져 나에게 이르렀다. 내 이제 그대에게 부촉하니, 그대는 장차 잘 호

지하라. 아울러 법의 신표로 가사를 전해주니, 그 각
각의 의미를 알아라." 혜가가 말했습니다. "청컨대 스
승께서 말씀해 주십시오." 달마가 말했다. "안으로는
법인을 전해 깨친 마음에 계합하고, 밖으로는 가사를
부촉하여 종지를 정한다."

이로써 달마의 정법안장은 혜가에게로 전승되었습니
다. 혜가의 정법안장은 다시 이와 같은 전통으로 승찬
에게로 전승되고 승찬의 정법안장은 도신으로 계속하여
계승되었습니다. 이와 같은 방식의 근본은 부집언어(不
執言語)·불립문자(不立文字)·일체개공(一切皆空)을
갈무리한 불이법문(不二法門)이었습니다. 이로써 달마
는 네 제자를 통해 점검하고 인가하여 마침내 불조의
혜명을 전수하고 있습니다.

여기에서는 이전의 양 무제와의 대화의 경우보다 달
마의 심지법문이 더한층 부각되어 있습니다. 이것은 태
조혜가의 사상에 대해서도 암시하는 바가 들어있습니
다. 달마의 정법안장을 계승한 태조혜가(太祖慧可)에게
는 저술이 남아 있지 않고 그 이름을 가탁한 저술도 보
이지 않습니다. 다만 혜가의 법어로 간주되는 것으로 『
이입사행론』의 법어 제57부터 법어 제63까지 여섯 가
지 법어의 내용이 전해지고 있습니다. 그 내용은 범성
(凡聖)·고하(高下) 등의 분별심을 내지 말 것, 그리고
안심(安心)·참회(懺悔)·성불(成佛)·지옥(地獄)·망

상(妄想) 등에 대한 가르침을 엿볼 수가 있습니다.

4. 초기선종의 전법상승

질문 : 붓다로부터 마하가섭으로 전승된 정법안장의 소식은 아난으로 계승되었고, 대대상전(代代相傳)하여 보리달마에 이르렀습니다. 이후 달마의 정법안장은 혜가 → 승찬 → 도신 → 홍인 등으로 계승되었습니다. 그간의 구체적인 모습에 대하여 말씀해 주시기 바랍니다.

답변 : 선가의 전등계보는 7세기부터 8세기에 걸쳐 소위 본격적으로 선종이 형성되면서 그 속에서 각각 자파의 정통성을 주장하는 방식으로 등장하였습니다. 이 무렵에는 중국의 전등법맥 뿐만 아니라 인도불교 나아가서 과거칠불에까지 소급되었습니다. 그것이 오늘날까지 하나의 계보를 형성해 왔습니다. 곧 『보림전(寶林傳)』(801)에 의하면 다음과 같습니다.

과거칠불의 계보는 ① 비바시불 – ② 시기불 – ③ 비사부불 – ④ 구류손불 – ⑤ 구나함모니불 – ⑥ 가섭불 – ⑦ 석가모니불입니다. 그리고 인도의 28대 조사의 계보는 ① 대가섭 – ② 아난 – ③ 상나화수 – ④ 우바국다 – ⑤ 제타가 – ⑥ 미차카 – ⑦ 바수밀 – ⑧ 불타난제 – ⑨ 복태밀다 – ⑩ 협존자 – ⑪ 부나야사 - ⑫ 마명 - ⑬ 가비마라 - ⑭ 용수 - ⑮ 가나제바 - ⑯ 나후라다 - ⑰ 승가난제 - ⑱ 가야사다 - ⑲ 구마라다 - ⑳ 사야다 - ㉑ 바수반두 - ㉒ 마노라 - ㉓ 학륵나 - ㉔ 사자비구 - ㉕ 바사사다 - (㉖불여밀다 - ㉗ 반야다라 - ㉘ 보리달마입니다. 그리고 중국의 6대조사의 계보는 ① 보리달마 - ② 혜가 - ③ 승찬 - ④ 도신 - ⑤ 홍인 - ⑥ 혜능입니다. 이들을 통틀어 불조(佛祖)의 계보라 하고, 그 가운데 조사의 계보를 삽삼조사(卅三祖師)라 말합니다.

여기에서 달마의 법을 계승한 태조혜가(太祖慧可: 487-593)는 젊어서는 유생이 되어 널리 세간의 전적과 『장자』·『주역』 등의 대의를 듣고도 만족하지 못했습니다. 41세 무렵에 숭락(嵩洛)에 머물고 있던 달마를 찾아가 4-5년 동안 사사하였습니다. 달마의 가르침을 받은 후에도 다시 5년여 동안 계속하였습니다. 특히 혜가는 자기의 한쪽 팔을 잘라서 달마에게 구법의 열의를 보였다는 설중단비(雪中斷臂)의 이야기는 널리 회자되어 있습니다. 이와 같이 그의 태도는 지극히 진지하고 학도를 자기에게 운명적으로 부여받은 것으로 간주하여 그것을 삶의 문제로 삼았던 것을 엿볼 수 있습니다.

혜가는 북주파불(北周破佛) 때는 서주 환공산에 은거하였다가 59세 때 다시 업도에 나와서 선법을 펼치다가 입적을 하였습니다. 혜가는 출가 이전에 이미 세간의 전적과 『장자』 및 『주역』 등을 학습하였고, 출가해서는

삼장을 두루 열람하였습니다. 당시에 삼론종의 혜포(慧
布: 518-587)도 그에게 감화를 받았을 정도로 교학에
도 밝았던 선자입니다. 그의 제자 승나(僧那)의 행적과
관련해보면 혜가는 두타행에 철저했습니다. 혜가의 사
상은 달마 이입사행의 근본취지에 철오하였고, 『능가경
』을 의용하여 만법유심(萬法唯心)의 일심에 입각하였습
니다. 그리하여 일체의 분별과 집착은 무릇 자기의 마
음에서 나타난 망심으로 간주하였습니다.

　혜가는 철저한 심법의 소유자로서 공의 실천에 힘썼
습니다. 특히 달마로부터 전수받은 4권 『능가경』을 승
찬에게 전했다는 사실로부터 『능가경』은 물론이고 『반
야경』과 『열반경』에 기초하고 있었음을 알 수가 있습니
다. 혜가의 선법은 승찬에게 계승되었습니다.

　감지승찬(鑑智僧璨: 593-606)의 본향과 성은 명료하
지 않습니다. 처음 업도(鄴都)의 주변에서 혜가에게 참
문하여 도를 닦았습니다. 574년에 행해진 북주파불 무
렵에 혜가를 따라 서주 환공산에 들어가 산곡사에 은거
하였습니다. 혜가가 579년에 다시 업도로 돌아갔을 때
승찬은 업도에 나아가지 않고 안휘성 태호현 서북쪽에
있는 서주 사공산에 들어갔습니다. 그곳에 24년 동안
주석하였습니다. 592년에 도신을 만나 법을 물려주고
마침내 남방의 나부산(羅浮山)에 3년 동안 주석한 후에
환공산에 돌아와 606년에 조용히 입적하였습니다. 대종
태력 7년(772)에 독고급(獨孤及)의 주청에 의하여 경

지선사(鏡智禪師, 鑑智禪師)라는 시호를 받고 탑을 각적(覺寂)이라고 하였습니다. 방관의 비문에 따르면 승찬은 마치 유마와 같이 호방하면서 자유롭고 깔끔한 성품을 지녔다고 합니다.

승찬에게는 당대에 아직 선종이 본격적인 형태를 갖추기 이전에 나타난 운문형태의 최초의 저술이기도 한 『신심명』을 남기고 있습니다. 『신심명』은 4언 146구 584자로 구성된 단편입니다. 그러나 이 속에는 불법의 요체 및 불조의 신심을 명료하게 압축하고 있습니다. 특히 신심(信心)의 두 글자는 이 『신심명』의 강령으로서 초심에 대기를 발하여 불이(不二)의 대도를 체득함으로써 신심불이(信心不二) 불이신심(不二信心)의 종지를 꿰뚫게 하는 내용으로 주목됩니다. 그 때문에 『신심명』에서는 일체의 이견(二見)을 단절하는 내용으로서 지(止)와 동(動), 일(一)과 이(二), 일(一)과 일체(一切), 대(大)와 소(小), 유(有)와 무(無), 그리고 능(能)과 경(境) 등의 관계를 일심의 원리로 전개하고 있습니다. 이와 같은 상즉상재(相卽相在)하고 호섭호융(互攝互融)하는 일심은 다름아닌 신(信)이고 일체(一切)로서 다시 쌍봉산의 대의도신에게 전해졌습니다.

대의도신(大醫道信: 580-651)은 승찬을 따라 수행하기를 10년 내지 12년, 후에 출가하여 수 대업 년간에 길주에 이르러 형산에 가고자 하여 강주(江州)를 거쳐 여산의 대림사에 10년 동안 주석했습니다. 그러고는 출가자와 재가자들의 간청을 받아들여 무덕 년간 (618-626) 초기에 그로부터 그다지 멀지 않은 파두산으로 옮겼습니다. 『역대법보기』에 의하면 도예가 높아 당나라 정관에 태종황제의 칙명에 의하여 입내(入內)하라는 권청을 받았습니다. 그러나 세 차례 모두 사양하였습니다. 태종황제는 조칙을 내려 초청에 응하지 않으면 목을 베어오라 하였습니다. 사자가 당도하니 대사는 자신의 목을 잘라가라고 내밀었습니다. 이에 황제가 크게 흠모하였습니다.

『속고승전』에 의하면 고종의 영휘 2년(651)에 입적했는데 세수 72세였습니다. 제자가 500여 인이었다고 하는데 홍인(弘忍)·원일(元一)·법현(法顯)·선복(善伏) 등은 뛰어난 사람들이었습니다. 대종황제는 대의선사(大醫禪師)라는 시호를 내리고, 탑호를 자운(慈雲)이라 하였습니다. 한편 두정륜(杜正倫)은 도신대사의 비문을 지었습니다.

도신의 사상은 그것을 전하고 있는 사료가 별로 없지만 『능가사자기』와 『종경록』의 기록이 주목됩니다. 도신에 있어서 좌선의 본지(本旨)는 임운무작(任運無作)으로서 일심을 청정하게 유지하는 데에 있습니다. 그 청정심은 온갖 미묘한 공능을 발생시키는 문으로서 항사(恒沙)와 같은 공덕의 근원이었습니다. 이와 같은 도리를 분명하게 터득하는[了了常知]하는 일심은 일체의 조작적인 행위 끊고 마음대로 어느 곳에나 드러나는 것이었습니다. 도신에게는 또한 대승의 정리(正理)에 들어가는 긴요한 것으로 ① 지심체(知心體), ② 지심용(知心用), ③ 상각부정(常覺不亭), ④ 상관심공적(常觀心空寂), ⑤ 수일불이(守一不移) 등을 언급하고 있습니다.

5. 우두법융

질문 : 중국선의 경우 도신의 선법은 홍인 및 우두법융(牛頭法融: 594-657)에게로 전승되었습니다. 법융의 선법은 중국에서는 정통으로 간주되지 못하고 있지만 도신의 정통 선법을 계승했다는 점에서는 하등의 차이가 없습니다. 그러면 법융의 선법은 무엇인지 설명해 주시기 바랍니다.

답변 : 도신의 선법은 홍인과 법융과 법랑 등에게로 전승되어 크게 발전하였습니다. 홍인의 선법은 이후 육조혜능에게로 전승되었다는 것은 주지의 사실입니다. 그러나 여기에서 도신의 선법이 우두법융(牛頭法融: 594-657)에게 전승되어 그 당시에는 자못 큰 세력을 지니고 있었습니다. 우두의 선법은 도신의 법이 분기한 것으로 중국선에서는 최초에 해당합니다. 법융은 19세에 이미 유학의 고전을 탐구해 마쳤습니다. 그러나 마침내 그것은 궁극적인 것이 아닌 것으로 간주하고 반야

지관(般若止觀)을 닦으려고 모산(茅山)에 들어가서 경법사(炅法師)를 따라 출가하였습니다. 각고의 정진을 하여 마침내 궁극의 경지에 도달하여 심리를 개명하고 아란야에서 20년 동안 묵좌(默坐)를 계속하였습니다.

정관 17년(642) 우두산 유서사(幽棲寺)에 들어가 북쪽 바위 아래에 선실을 짓고 아침저녁으로 정진을 계속하였습니다. 수년이 지나자 구도심을 지닌 대중이 백여 명 모여들었으며, 금수(禽獸)까지도 그 덕화를 받았습니다. 그리고 칠장경서(七藏經書)를 독파하고, 대장경을 강의하였는데, 특히 『법화』·『대품』·『대집경』을 설하였고, 삼론종(三論宗)의 경(炅) 법사로부터 반야지관(般若地觀)을 체득하였습니다. 후에 도신대사를 만나 스승으로 모시고 그 법을 이어받았습니다.

우두에게는 『심명(心銘)』이라는 저술이 있으며, 또한 『절관론(絶觀論)』도 그의 저술로 알려져 있습니다. 우두가 주안점으로 삼은 것은 '보리본유(菩提本有) 번뇌본무(煩惱本無)'를 강조하여 일체의 조작적인 분별행위를 떠나 일심을 온전히 현현하는 것으로, 곧 반야공관에 철저하여 불공(不空)의 오묘한 성품을 성취하는 것이었습니다. 우두의 선법은 이후 지엄(智儼) - 혜방(慧方) - 법지(法持) - 지위(智威) - 혜충(慧忠)으로 전승되었고, 9세기 말까지도 그 세력이 계속되었습니다.

6. 대만홍인

질문 : 대만홍인(大滿弘忍: 601-674)은 『금강반야경』을 수지하면서 심성의 본원에 철저함을 본지로 삼아 수심(守心), 즉 수본진심(守本眞心)의 참학을 강조하였습니다. 그리고 이것을 현창하기 위해서 『수심요론(修心要論, 最上乘論, 一乘顯自心論)』을 저술하였습니다. 후에 혜능은 『수심요론』에 대하여 '홍인대사가 범부를 깨침으로 인도하기 위해 수심(修心)의 도를 보여준 요론'이라 정의하고, 그 근본사상은 수심(守心)에 있다.'고 평가하였습니다. 그러면 홍인의 선법은 무엇인지 말씀해 주시기 바랍니다.

답변 : 대만홍인(大滿弘忍: 601-674)의 전기를 수록하고 있는 정각(淨覺)의 『능가사자기』는 그의 스승인 현색(玄賾)의 『능가인법지(楞伽人法志)』의 기록을 인용하였습니다. 그러나 『능가인법지』는 현존하지 않습니다. 기타 『신회어록』, 『역대법보기』, 『조당집』, 『송고승전』, 『경덕전등록』, 『천성광등록』, 『속전등록』, 『불조통기』, 『불조역대통재』, 『연등회요』, 『오등회원』 등에 전기가 전하지만 대동소이합니다. 홍인의 속성은 주(周)씨이고 기주 황매현 출신으로 대업 3년(607) 7세 때 당시 여산에 머무르고 있던 도신을 참문하고 30년 동안 곁에서 모셨습니다.

　『역대법보기』에 의하면 현경 5년(660) 황매현 빙무산에 칙사가 와서 경사(京師)로 와달라는 부름을 받았지만 그에 응하지 않았습니다. 칙사가 다시 청했으나 그것마저 고사하였기 때문에 칙사는 경사에 돌아가 홍인에게 의약품을 보냈습니다. 홍인의 회하는 대단히 많았기 때문에 선종이 후세에 대성황을 이루는 기초가 여기에서 구축되었습니다. 『능가사자기』에 의하면 홍인은 함향 5년(674) 74세로 입적하였습니다.

　홍인의 선은 자성청정심에 계승하는 것을 중요한 안목으로 삼아 정심(定心)에 근거한 즉심즉불(卽心卽佛)의 도리를 현양시킨 점을 볼 수가 있습니다. 그 저술로 간주되는 『수심요론』(본래 제명은 『기주인화상도범취성오해탈종수심요론(蘄州忍和上導凡趣聖悟解脫宗修心要論)』 혹은 『도범취성오해탈종수심요론(導凡趣聖悟解脫宗修心要論)』이다)에는 수심(守心)의 가르침이 잘 나타나 있습니다.

　텍스트로는 『돈황겁여록』(『一乘顯自心論』으로 수록) 제13, 『소실일서』 수록본, 스타인본 2669 · 3558 · 4064 및 페리오본 3434 · 3559 · 3777, 용곡대학본(龍谷大學本) 등이 알려져 있습니다. 또한 대정신수대장경 제48권에는 『최상승론(最上乘論)』이라는 제명으로 수록되어 있습니다. 모두 14단락의 주제로 나뉘어 수심(修心)의 도리에 대한 문답의 형식으로 구성되어 있습니다. 『기주인화상도범취성오해탈종수심요론』의 제목을 해석하면 '기주의 홍인화상이 범부를 이끌어 성인의 길로 나아가게 하고 해탈의 종지를 깨치도록 말씀해주신 마음을 닦는 중요한 가르침'입니다.

7. 동산법문의 전개

질문 : 홍인대사에게는 소위 십대제자가 있었습니다. 그들의 선풍은 어떤 세력을 지니고 있었는지 말씀해 주시기 바랍니다.

답변 : 도신과 홍인의 선법은 동산법문으로 알려져 있습니다. 중국의 거의 중앙부인 호북성의 기주(蘄州) 지방에서 동산법문으로 성립된 선종은 홍인의 십대제자에 의하여 발전되고 계승되었습니다. 그 대표적인 제자로는 동쪽으로 장강 하류지역 강소성의 우두산에 거처를 정한 법지(法持: 635-702), 서쪽으로 사천성의 자주에 거처를 정한 지선(智詵: 609-702), 득법한 후에 남방의 고향인 광동성의 조계로 돌아갔던 혜능(慧能: 638-713), 그리고 북쪽으로 당시에 정치의 중심이었던 중원지방으로 진출한 법여(法如: 638-689) · 혜안(慧安: 582-709) · 신수(神秀: 606-706) 등이 있었습니다.

이들은 정착했던 각 지역에서 포교활동을 전개하고

각각 제자들을 양성하여 일파를 형성하였습니다. 이 가운데 법지의 계통은 법지(法持) – 지위(智威) – 혜충(慧忠)과 현소(玄素) 등으로 계승되었습니다. 지선의 계통은 지선(智詵) – 처적(處寂) – 무상(無相)으로 계승되었습니다. 혜능의 계통은 혜능(慧能) – 신회(神會) – 무명(無名) 등으로 이어졌습니다. 법여의 계통은 법여(法如) – 원규(元珪) · 영운(靈運) 및 두비(杜朏)로 계승되었습니다. 혜안의 계통은 혜안(慧安) – 진초장(陳楚章) · 무주(無住) 및 후막진염(候莫陳琰) 등으로 계승되었습니다. 신수의 계통은 신수(神秀) – 보적(普寂) · 굉정(宏正) 및 도선(道璿)과 의복(義福)과 후막진염(候莫陳琰) 등으로 계승되었습니다.

이 가운데 중원으로 진출한 사람들이 가장 주목받고 큰 세력을 형성했습니다. 이들은 당시에 지배층이었던 황실과 귀족 등의 귀의를 받았습니다. 처음에 중원에 발을 내디딘 것은 홍인 문하의 법여(法如)였지만 일찍이 입적한 까닭에 이후에 혜안과 신수 그리고 최후까지 홍인의 휘하에 남아 있었던 현색(玄賾) 등이 입경한 이후에 측천무후에게 입내공양을 받고 조야로부터 숭배를 받게 되었습니다. 혜안은 후에 숭산으로 물러갔기 때문에 장안과 낙양의 양경에서는 신수와 그 제자였던 보적(651–739)이 크게 추앙을 받았습니다.

이리하여 신수 및 보적의 계통은 다른 문파의 사람들로부터 그 권위를 인정받게 되었습니다. 현색의 제자였

던 정각(淨覺)이 지은 『능가사자기(楞伽師資記)』(716)
와 법여의 제자였던 두비(杜朏)가 지은 『전법보기(傳法
寶紀)』(713)는 곧 신수를 정통으로 하는 권위를 인정한
경우에 해당합니다. 십대제자들은 모두 홍인의 휘하에
서 수행하였으므로 그 기본적인 입장은 홍인의 수심(守
心)에 근거한 가르침이었습니다. 그 수심은 이후 소위
조사선의 기본적인 이념이 되었습니다. 그들이 생존해
있던 8세기 초엽까지는 각 파 사이에 사상적으로 큰 차
이는 거의 없었습니다. 다만 개개인의 성격의 차이와
그들이 의거했던 각 지역의 상황의 차이로부터 세대가
교체되면서 그 독자성이 강하게 나타났습니다. 신수와
혜안의 양자에게 배운 후막진염(候莫陳琰)의 『돈오진종
금강반야수행달피안법문요결(頓悟眞宗金剛般若修行達彼
岸法門要決)』이 그 일례입니다.

이처럼 홍인의 동산법문은 신수와 혜안의 입내공양으
로부터 더욱더 선종의 권위와 가치를 인정받았습니다.
이리하여 자신들의 권위를 내세우고 그것을 정통으로
주장하는 일련의 선종사서 곧 전등사서(傳燈史書)가 등
장하게 되었습니다. 소위 『능가사자기』와 『전법보기』는
그 결과였습니다. 그 내용은 그 전등사서가 편찬된 시
대에 이르기까지 선의 가르침이 어떻게 전해졌는가를
서술하고 있는데 구체적으로는 사제관계와 각 선사들의
경력 및 그 언동에 대한 서술이 중심으로 이루고 있습
니다. 선종수행의 중심은 습선(習禪)에 있지만 습선에

서는 선수행에 익숙한 스승의 지도가 절대적인 의미를 지니고 있습니다. 그 때문에 불타의 말을 기록한 경전과 다름없는 가치를 부여하고 그 이해를 통하여 깨침에 다다르려는 일반의 교학자들과는 다른 경향을 보였습니다. 그것이 자파의 정통성을 증명하는 것으로 드러난 전등사서였습니다.

8. 북종선의 출현

질문 : 홍인대사의 문하에서는 이후에 선법이 소위 북종과 남종으로 출현하였습니다. 신수의 선풍을 계승하여 형성된 북종의 상황에 대하여 말씀해 주시기 바랍니다.

답변 : 홍인대사의 문하에서 당시에 중원에서 큰 세력을 지니고 있었던 것은 대통신수 (大通神秀: 606 - 706) - 화엄보적(華嚴普寂: 651-739) 계통의 사람들이었는데 그들의 선풍을 일반적으로 북종이라 부릅니다. 여기에서 북종이라는 말에 대하여 먼저 알아둘 필요가 있습니다. 본래 북종이라는 말은 하택신회가 보적의 계통을 비판하면서 사용한 폄칭으로부터 유래합니다. 일찍이 동산법문 사람들은 남천축국 출신의 보리달마 계통을 계승한 선풍을 남종이라 불렀습니다. 그런데 신회는 그 남종의 용어를 중국 남방지역의 종지라는 의

미로 바꾸어 자신이 속한 남방의 혜능 일파야말로 정통의 남종이고 북방에서 전개된 신수 – 보적 계통에게는 남종이라는 명칭을 부여할 자격이 없다고 주장하였습니다. 따라서 신회의 무렵에 이 남종이라는 용어는 보리달마의 계통이라는 의미와 혜능문하의 남방의 계통이라는 개념으로 이야기되었습니다. 그러나 이후에 점차 정통논쟁이 활발하던 시기에는 소위 혜능의 계통을 남종이라 하고 신수 – 보적의 계통을 북종이라 지칭하게 되었습니다.

그래서 십대제자가 생존해 있던 8세기 초엽에는 각 지역에서 전개한 사람들 사이에 명료한 사상적인 차이가 없었기 때문에 북종을 신수 – 보적 계통의 선풍이라는 의미로 한정하는 것은 동산법문의 각 계통에서 세대교체가 진행되어 제각각 독자성이 강화되어 가던 730년 무렵 이후로 보아야 합니다. 이와 같이 신회에 의한 남종과 북종의 구별은 동산법문 각 파의 사상적인 차이를 분명하게 한 것이기도 하였습니다. 가령 법지파와 지선파는 각각 우두종과 정중종을 형성하였고, 혜안파로부터 나온 무주는 하택신회와 정중종의 영향을 받아 보당종을 형성하였습니다. 이로써 북종은 선종의 한 분파에 불과했지만 그들이 가장 큰 세력을 형성하여 선종을 대표하는 것으로 보였던 것은 사실입니다.

9. 북종선의 특징

질문 : 결국 신수와 혜능이 입적한 얼마 이후 곧 8세기 중반부터 남종과 북종의 개념이 명확해졌던 것이군요. 그러면 당시에 북종에서 내세우는 선풍의 특징은 어떤 것이 있습니까.

답변 : 북종에서 출현한 문헌은 먼저 신수 혹은 신수의 이름에 가탁하여 저술한 것이 주목됩니다. 일반적으로 싸잡아서 『대승오방편(大乘五方便)』이라 불리는 것으로 『대승무생방편문(大乘無生方便門)』·『대승오방편북종(大乘五方便北宗)』·『통일체경요의집(通一切經要義集)』 및 『관심론(觀心論)』 등이 유명합니다. 이것은 신수의 저술로 전해지고 있지만 사실은 신수가 입적한 이후 수십 년이 지난 8세기 중엽 이후에 신수 - 보적 계통의 사람들이 자신들의 사상을 얽어서 신수의 이름에 의탁한 것입니다. 그래서 소위 북종의 문헌이라 부르는 것이 좋습니다.

『관심론』은 여래장사상을 기초로 해서 마음을 관찰하는 관심(觀心)의 수행을 통하여 망상이 없이 전체가 진여 그 자체가 되어 깨침의 경지에 들어가야 할 것을 주장합니다. 그리고 그 관심의 수행법을 절대화하여 다른 수행은 모두 여기에 포함되는 것으로 간주합니다. 전체적으로는 홍인대사의 『수심요론(修心要論)』에서 중요시하는 수심(守心)을 대신하여 관심을 제기한 것이기도 합니다. 『관심론』에서 주목해야 할 것은 관심이 모든 수행을 그 안에 품고 있다고 설하는 것입니다. 가령 삼취정계(三聚淨戒)에 대하여 삼독심을 제어하는 것으로 해석하고, 육바라밀에 대하여 육적(六賊)을 다스리고 육근(六根)을 청정하게 하는 것으로 해석하는 경우가 그것입니다. 이와 같은 해석을 「심관석(心觀釋)」이라 하는데 이것이야말로 관심과 함께 북종의 선사상의 형식을 가장 선명하게 드러내어 후대로 갈수록 다양한 형태로 전개되었던 것입니다.

한편 『대승오방편』으로 불렸던 일군의 몇 가지 저술은 그 전체의 구성 및 사상이 기본적으로 일치합니다. 곧 서장에서 동산법문 이래의 전통인 염불에 의한 청정심의 획득 등을 설한 후에 총창불체(總彰佛體)·개지혜문(開智慧門)·현부사의문(顯不思議門)·명제법정성(明諸法正性)·자연무애해탈도(自然無礙解脫道)의 5장이 이어지는데, 이것은 각각 『대승기신론』·『유마경』·『사익경』·『법화경 』·『화엄경』 등을 사용하여 깨침의 경지를 설명한 것입니다. 여기에서는 관심을 끄는 것은 거기에 표현되어 있는 깨침의 경지 그 자체보다도 오히려 그 표현방법 곧 단적으로 말하자면 경론의 이용방식에 대한 것입니다. 그것은 여기에서도 「심관석」에 의하여 사상의 표전(表詮)이 이루어지고 있기 때문입니다.

가령 『대승오방편북종』에는 『유마경』의 '維摩詰言善來
文殊師利'의 구절을 인용하여 "유마힐은 정체(淨體)이고
문수사리는 묘혜(妙慧)이다. 정체와 묘혜가 만날 때 심
(心)은 생기하지 않데 이것이 선래이고, 식(識)이 생기
하지 않으면 그것이 혜(慧)이다."라고 말합니다.

　여기에 보이는 해석방식은 오늘날 보자면 황당무계하
기 짝이 없습니다. 그러나 이와 같은 해석이 북종의 사
람들에게는 지극히 중요한 것이었습니다. 이러한 「심관
석」의 수법으로 쓰여진 것으로 금강장보살주(金剛藏菩
薩注)로 되어 있는 『금강반야경주(金剛般若經註)』와 『
관세음경찬(觀世音經讚)』, 혜변(惠弁)이 찬술한 『심왕
경주(心王經註)』, 찬술자 미상의 『법구경소(法句經疏)』,
우도(愚道)가 찬술한 『주관음경(注觀音經)』 등이 있습
니다.

　이처럼 북종선의 심관석(心觀釋)은 자기의 선체험과
경전의 권위 내지 그 가치를 존중했다는 점에서는 중요
시됩니다. 이와 같은 「심관석」은 그 자체가 같은 성격
을 지닌 천태의 관심석(觀心釋)으로부터 많은 영향을
받았던 것으로 보입니다. 또한 황실과 귀족계층에서 크
게 지지했던 것도 경전을 중시했던 북종이 「심관석」을
발전시킬 수 있었던 것과 관련이 있습니다. 이러한 것
들이 오히려 황실 및 귀족계층의 눈에는 매력적으로 작
용했던 것입니다. 어째든 북종선이 지향한 방향은 당시
에 교학을 부정하고 선관의 실천에 의하여 깨칠 것을

추구했던 동산법문의 입장과는 대단히 이질적인 것이었습니다.

10. 남종선의 출현

질문 : 오늘날 전승되고 있는 선법은 모두 혜능선사의 계통에 속하는 남종의 선풍으로 알고 있습니다. 그 삶과 가풍 및 특징에 대하여 말씀해 주시기 바랍니다.

답변 : 육조혜능(六祖慧能: 638~713)은 속성이 노(盧)씨이고, 광동성 소주 곡강현 출신입니다. 향관은 오늘날 북경 근처인 범양인데 좌천되어 광동의 신주에서 농사를 지었습니다. 어려서 아버지를 잃고 20세 전후까지 신주 용산에 있으면서 어렵게 살았습니다. 후에 남해지방으로 옮겨서도 생활이 빈궁하여 시전에 나무를 내다 팔면서 노모를 봉양하였습니다. 마침 어떤 사람이 나무를 사겠다고 하여 그것을 점포까지 날라다 주고 돈을 받아 문전을 나오다가 한 스님이 『금강경』을 독송하는 것을 듣고 홀연히 발심을 하였습니다.

마침내 그 스님의 말을 듣고 황매의 홍인대사가 주석하는 곳으로 찾아간 것은 용삭 원년(661)으로 혜능의 나이 24세였습니다. 오조와 처음 상견했을 때의 문답은 사람에게는 남북이라는 출신지의 차별이 있지만 불성에는 남북의 구별이 없다는 심성의 근본적인 뜻에 대한 문제였습니다. 그 심지의 고매함을 인정받아 홍인의 문하에 들어가 8개월 남짓 방아찧는 일을 하였습니다. 혜능은 간난신고 끝에 마침내 대오하여 의발(衣鉢)을 전수받게 되었습니다. 이후 16년의 은둔생활 끝에 의봉 원년(676) 혜능의 나이 39세에 광주 법성사에서 인종(印宗)을 만나 풍동번동(風動幡動)의 문답을 기연으로 계를 받고 제육대 조사가 되었습니다.

다음 해 지장(智藏)이 개창한 보림사에 주석하고 있을 때 소주자사 위거(韋據)의 청에 응하여 성내의 대범사에 나아가서 설법을 하였는데, 이것이 『육조단경』의 주요한 부분을 이루고 있습니다. 그 이래로 조계에 36년 동안 머물면서 소주(韶州)와 광주(廣州) 지방에서 많은 교화를 이루었습니다. 혜능은 68세 때 혜안(慧安: 582-709)과 신수(神秀: 606-706)의 추거에 의하여 신룡 원년(705)에 중종황제의 부름을 받았지만, 병을 핑계로 나아가자 고사하였습니다. 그해 보림사를 중흥사(中興寺)로 개칭하고, 신주의 옛집이 있던 자리에는 국은사(國恩寺)라는 절을 지었습니다. 혜능은 선천 2년(713) 8월 3일 입적하였습니다. 원화 11년(816) 헌종은 대감선사(大鑑禪師)라는 시호를 내렸습니다. 혜능의 수많은 제자 가운데 법을 계승한 자는 43인입니다. 특히 행사(行思)·회양(懷讓)·신회(神會)·현각(玄覺)·혜충(慧忠)·법해(法海) 등이 큰 역할을 하였습니다.

홍인의 수본진심(守本眞心)은 혜능의 견성법(見性法)

및 신수의 간심간정(看心看淨)으로 이어집니다. 혜능은 후에 무상계(無相戒)의 수계를 중심으로 한 마하반야바라밀법을 설하였는데 이것은 『육조단경』의 주요한 부분을 형성하고 있습니다. 『단경』의 중심을 구성하고 있는 선법은 견성성불(見性成佛) 사상입니다. 홍인은 『수심요론』에서 '우선 진심을 지킨 후 성불한다.'고 하는데, 이것은 혜능의 견성성불의 다른 표현입니다. 그것은 양자의 경우 자성의 원만한 청정심을 수심(守心)으로 실천할 것인가, 아니면 자성의 청정한 원만심을 자각하여 그 자체로 인정할 것인가의 차이입니다. 혜능의 견성은 홍인의 수심(守心)·수진심(守眞心)·수본정심(守本淨心)에 의해 개화되고 고양된 것입니다. 말하자면 심(心)의 종교적 개념을 성(性)으로 완성한 것입니다.

혜능의 선풍이 반야공관에 근거한 것은 대범사에 설법한 마하반야바라밀법에 잘 나타나 잇습니다. 마하반야바라밀법은 몸을 가지고 직접 염념에 실천하는 것으로 반야삼매라고도 말합니다. 그리고 정·혜(定·慧)는 일체(一體)로서 불이(不二)를 강조하였습니다. 곧 정(定)은 혜(慧)의 체(體)이고, 혜(慧)는 정(定)의 용(用)으로서 혜에 즉했을 때 정은 혜에 있고 정에 즉했을 때 혜는 정에 있다는 것입니다.

혜능은 불성의 유무에 의하여 홍인에게 인정받고 그 문하에 들어간 바와 같이 그의 생애를 통하여 동일진성의 철견을 강조하였습니다. 그것은 곧바로 심성 그 자체에 계합하여 그것을 일상의 생활에서 구현하는 것이었습니다. 심성에 철견하는 행위가 곧 좌선이었습니다. 그리고 좌라는 것은 일체에 있어서 걸림이 없고 망념이 사라지는 것을 말하고, 선이란 본성을 철견하여 혼란스럽지 않는 것을 말합니다. 또한 밖으로 상(相)을 초월한 것을 선이라 하고, 안으로 마음이 산란하지 않는 것을 정이라 합니다. 이로써 본각진성이 서로 융즉하여 혜와 정이 발현되는 것이야말로 바로 혜능의 선이었습니다.

이와 같은 혜능의 법문을 곧 돈교라 말하는데 여기에 철견하는 것이 바로 돈오입니다. 돈오는 곧 자기의 묘심에 입각하여 번뇌망념이 본래 공한 것을 증득하는 것입니다. 그래서 일상의 사위의(四威儀)가 모두 직심(直心)으로 확충되고 일체법에 대하여 집착이 없는 실천을 일행삼매(一行三昧)라 합니다. 혜능은 단순한 좌선에만 머문 것이 아니라 선정의 참된 정신을 그 일상생활 가운데서 구현하였습니다. 나아가서 사신이었던 설간(薛簡)에게도 "도는 마음을 말미암아 깨치는 것이다. 어찌 좌라는 형태에 있겠는가."라고 설하였습니다. 그리고 직심이 곧 도량이기 때문에 정토는 반드시 직심을 떠나 멀리 있는 것이 아니라고 하며, 만약 무생돈법을 깨달으면 서방정토를 보는 것도 단지 찰나에 있을 것이라고 말합니다. 이처럼 혜능의 돈교법문은 출가와 재가의 차별이 없이 일체에 타당하게 적용되어 있습니다.

11. 남악회양

질문 : 혜능의 남종선풍은 오늘에 계승된 거의 모든 선종의 바탕이 되어 있습니다. 그 가운데 오늘날까지 법계가 무성한 남악회양에 대하여 말씀해 주시기 바랍니다.

답변 : 혜능의 남종선풍은 청원행사(靑原行思: ?-740)와 남악회양(南嶽懷讓: 677-744)의 계통이 크게 발전하였습니다. 그래서 남악과 청원의 시대로부터 당나라 말기부터 오대의 말기에 이르기까지 무릇 250년 동안은 소위 선종의 발전시대로서 흔히 선의 황금시대라고도 말합니다. 이 기간에는 혜능을 기점으로 하는 남종선이 크게 발전하여 오가(五家)로 분립되는 등 종단적으로 보아 대단히 크게 번성을 구가하던 시기였습니다.

남악회양(南嶽懷讓: 677-744)의 속성은 두(杜)씨이고, 협서성 안강현 금주 출신으로 10세에 이미 불서를 즐겨 열람하였습니다. 『송고승전』에 의하면 약관으로 형남 옥천사에 나아가 15세 때 홍경율사(弘景律師: 634-712)에게서 삭발하고 구족계를 받았습니다. 이후 남악에 있으면서 숭산혜안(嵩山慧安: 582-709)의 가르침을 받았고, 다시 조계에 나아가 혜능을 참문하였습니다. 회양은 참으로 눈밝은 스승을 만난 것에 기뻐하고 밤낮으로 8년 동안 정진하여 마침내 경용 원년(707)에 대사(大事)를 해결하였습니다. 그때 육조의 질문에 대하여 "일물에 대하여 말씀드리자면 그것도 딱히 들어맞는 것은 못됩니다.[說似一物卽不中]"라는 답변과 "수증은 곧 없지 않지만 단지 오염되지 않을 뿐입니다."라는 답변이 중요한 의미를 포함하고 있습니다. 조계에서 15년 동안 정진하고 법을 이었습니다. 선천 2년(개원 원년 713)에 호남성 형산현 남악의 반야사 관음당에 주석하였습니다. 경운 2년(711)에 그곳을 떠나 무당산에 올라 10여 년 동안 오후수행을 하였습니다. 개원 연간 (713-741)에 마조도일이 그 법을 이었습니다. 청원행사와 더불어 혜능의 양족(兩足)으로서 그들 법문은 후에 중국 선종의 주류가 되었습니다. 남악에 23-4년 동안 머물고, 천보 3년(744) 8월 10일 68세로 시적하였습니다. 경종황제는 대혜선사(大慧禪師)라는 시호를 내렸습니다. 사법제자 6인 가운데 마조도일이 가장 유명합니다.

회양의 사상과 그 실천은 남종선의 강령이 그대로 나타나 있습니다. 수(修)와 증(證)을 대립시켜서 좌선하면서 깨침을 구하거나 작불(作佛)을 도모하는 것이 아닙니다. 곧 본래성불에 바탕을 둔 것으로 본증묘수(本證妙修)와 수행과 깨침을 분리하지 않는 수증일여(修證一如)의 좌선이야말로 번뇌에 휩싸이지 않는 불염오(不染汚)의 청정한 수행이라는 입장이었습니다. 또한 회양은 일체가 일심법계로 파악하여 유무의 대립을 포월(包

越)하여 무이(無二)의 진심(眞心)으로 귀착해야 할 것을 강조하였습니다. 또한 회양은 "그대의 지금 그 마음이 곧 불이다. 그 때문에 달마가 서래하여 오직 일심을 전했을 뿐이다. 삼계유심이므로 삼라와 만상도 일법에 계합하는 것으로 무릇 눈에 보이는 색은 모두 자심(自心)일 뿐이다."고 설하여 즉심즉불(卽心卽佛) · 삼계유심(三界唯心)의 입장을 개시하였습니다.

12. 청원행사

질문 : 혜능의 남종선풍은 남악회양과 더불어 또 청원행사의 계통이 크게 번성하였습니다. 청원행사는 어떤 분이었습니까.

답변 : 청원행사(靑原行思: ? - 740)의 전기는 자세한 기록이 거의 없습니다. 『송고승전』에 의하면 제9권 의복전(義福傳)에 부가된 기록으로만 전할 뿐입니다. 또한 『조당집』 · 『전등록』에서도 극히 간략한 기록이 있을 뿐입니다. 행사는 강서성 길주 안성 사람으로 속성은 유(劉)씨인데, 여릉 사람으로 출가한 후에 20세에 구족계를 받고, 수년 동안 각고정진하였습니다.

이후 소양에 나아가 혜능을 참문하고, 강서성 길주의 청원산 정거사(靜居寺)에 주석하자 문도들이 운집하였습니다. 그 문하에서 후에 선종오가(禪宗五家) 가운데 조동종(曹洞宗) · 운문종(雲門宗) · 법안종(法眼宗)이 출현하였습니다.

행사는 육조의 문하에서 10여 년 동안 사사하고 육조가 시적하기 2-3년 전에 고향인 길주로 돌아갔다고 합니다. 득법한 후에 청원산 정거사에 들어갔습니다. 그후에 크게 교화의 문을 열어 사방에서 선객이 다투어 몰려들었습니다. 『조당집』과 『전등록』에 의하면 신회는 후에 행사의 휘하에 와서 참했다고 합니다.

행사의 사상에 대해서는 그 자료가 매우 빈약합니다. 그러나 『종경록』 권97 길주 사화상(思和尙)의 말이라 하여 기록되어 있는 것을 주목할 필요가 있습니다. 이에 의하면 그 중심사상은 '시심시불(是心是佛)' · '미오(迷悟)는 모두 일심에 있다.' · '초목에 불성이 있는 것은 그것이 모두 일심이다. 밥을 먹는 것도 불사이고 옷을 입는 것도 불사이기 때문이다.'는 점이 주목됩니다. 이와 같은 가르침은 소위 조사선풍의 기본적인 대의이기도 합니다. 일례로 『조당집』과 『전등록』에 의하면 "어떤 것이 불법의 대의입니까."라는 승의 질문에 대하여 행사는 "여릉의 쌀값은 얼마인가."라고 말한 내용이 있습니다. 이것은 철저하게 현실에 즉한 불법의 가르침에 바탕을 둔 조사선풍을 상징합니다. 이와 같이 답변하는 형식은 이후에 점차 변화하여 선문답의 특징을 출현시키게 되었습니다.

13. 하택신회

질문 : 혜능으로부터 깨침을 인가받은 제자로는 43명이라고 합니다. 그 가운데서 특히 후대 선종에 큰 영향을 끼친 하택신회의 선법에 대하여 말씀해 주시기 바랍니다.

답변 : 하택신회(荷澤神會: 668-760)의 속성은 고(高)씨이고, 양양 사람으로 어려서 돈명(惇明)스님에게서 오경(五經)을 받고 노장(老莊)의 사상을 배웠으며 『후한서』를 읽고 불교를 알아서 마침내 호원(顥元)에게 출가하였습니다. 신수의 문하에서 3년 동안 제자로 공부했다고도 합니다. 그러나 신수가 경사에 나아갔기 때문에(701) 그 지시를 받아 조계로 갔습니다. 혜능에게 4년 동안 참문한 후에 수도에 나아갔다가, 709년 무렵 다시 조계로 돌아와 혜능이 시적할 때까지 모시다가 밀인(密印)을 받았습니다. 개원 8년(720) 53세로 남양 용흥사에 칙주하였지만, 당시의 의복·보적 등 북종 사람들에 비하면 그 명성은 거의 보잘것이 없었습니다. 그러나 후에 낙양 하택사에 주석하면서 서천동토(西天東土)의 조사를 정하고 육조의 진당(眞堂)을 만들어 남종의 정통확립에 힘썼습니다. 마침내 개원 22년(734) 정월 15일 활대(滑臺) 대운사(大雲寺)에서 무차대회를 열고 남북 양종의 진위를 가려 북종배격의 횃불을 높이

치켜들었습니다. 그때 신회가 북종에 대하여 북종은 그 법계가 방계라는 사승시방(師承是傍) 및 그 법문이 점법이라는 법문시점(法門是漸)이라고 주장하였고, 북종의 종지를 의심입정(擬心入定), 주심간정(住心看淨), 기심외조(起心外照), 섭심내증(攝心內證) 4구로 표현하였습니다. 이로써 신회는 혜능의 선법을 중국의 선종사에서 정통으로 확립하는 일에 큰 공헌을 하였습니다.

이후 천보 14년(755) 겨울 안록산(安祿山: 703 - 757)의 반란이 일어나 낙양이 점령되자 당나라 황실은 재정적으로 대단히 궁핍하였습니다. 신회는 그 이듬해 낙양에 돌아와 불타버린 사원에다 하나의 절을 짓고 계단(戒壇)을 설치하여 향수전(香水錢)을 받아 군비에 보충케 하여 황제의 신임을 더욱더 크게 받았습니다. 신회가 시적한 것은 상원 원년(760) 93세였는데, 칙명으로 진종대사(眞宗大師)라는 시호를 받았습니다. 그의 저술에 『현종기』가 있고, 또한 어록으로 『신회어록』이 있습니다.

14. 영가현각

질문 : 혜능선사의 많은 제자 가운데 영가현각은 독특한 사람이기도 합니다. 우선 법계가 천태종에 속하기도 하도, 그 선법을 계승한 제자가 없다는 점도 그렇습니다. 영가현

각 선사에 대하여 말씀해 주시기 바랍니다.

답변 : 그렇습니다. 영가현각(永嘉玄覺: 665-713) 선사는 가장 뛰어난 인물이었지만 요절한 까닭에 그 문하는 계승되지 못하였습니다. 영가현각의 속성은 대(戴)씨로서 온주 영가 출신입니다. 처음에 천태혜위(天台慧威: 634-713)에게 공부하였고, 좌계현랑(左溪玄朗: 673-754)과 도가 계합하였습니다.

어느 날 『반야경』을 듣고 활연대오하였습니다. 이후 동양(東陽)의 현책(玄策) 선사와 함께 조계에 이르러 육조를 참하여 종요를 질문하였습니다. 이에 곧 인가를 받아 일숙하고 돌아갔다 하여 일숙각(一宿覺)이라 불렸습니다. 그의 저술인 『선종영가집(禪宗永嘉集)』과 『증도가(證道歌)』는 오늘날에도 널리 알려져 있습니다. 선천 2년(713)에 세수 49세로 입적하였습니다. 호는 무상대사(無相大師)입니다.

15. 남양혜충

질문 : 혜능선사의 문하에는 뛰어난 제자들이 많이 배출되었습니다. 그 가운데는 남양혜충처럼 국사를 지낸 사람도 있습니다. 또한 제자를 접화하는 특별한 수단을 부리기도 하였다는데 그러한 접화법에 대하여 말씀해 주시기 바

랍니다.

답변 : 혜능의 수많은 제자들 가운데 법을 계승한 제자는 43명이라고 합니다. 그 중에서도 남양혜충(南陽慧忠 : ?-775)은 속성이 염(冉)씨이고 월주 출신입니다. 어려서부터 학문을 좋아하고 쌍봉에서 공부를 하였으며, 육조가 입적한 후에는 제방을 유행하였습니다. 마침내 남양에 터를 잡고 40년 동안 산문을 나가지 않았습니다. 그 도성(道聲)이 멀리 경사에까지 알려져 숙종과 대종의 두 황제의 국사를 지냈습니다. 시적은 대력 10년(775)이고 시호는 대증선사(大證禪師)입니다.

혜충의 선지는 신심일여(身心一如) · 교즉선(敎卽禪) · 무정설법(無情說法) · 표상현법(表相現法) 등으로 널리 알려져 있습니다. 신심일여는 일반적인 선의 입장이기도 합니다. 곧 몸의 좌선과 마음의 깨침을 따로 간주하지 않는 것이기도 하고, 나아가서 신(信) 곧 마음과 좌(坐) 곧 신체의 조화를 의미하기도 합니다. 이것은 다음과 같이 일찍이 달마로부터 혜능을 거쳐 그 이후의 선풍으로 일관되게 전개되어 갔습니다.

16. 선종오가의 출현

질문 : 혜능의 선풍은 소위 선종오가(禪宗五家)로 불리는

다섯 종파로 계승되었습니다. 혜능의 남종선풍이 선종오가로 분립되어 형성된 원인은 무엇입니까.

답변 : 6세기 초반에 보리달마의 도래로부터 시작된 중국 선종은 200여 년이 지난 8세기 초반부터는 소위 남종 및 북종이라는 법맥과 선풍에 대한 정통과 방계의 경쟁을 거치게 됩니다. 그 결과 혜능의 선풍을 위시한 남종 계통이 정통법맥을 자부하게 됨으로써 자파에 대한 긍지를 바탕으로 하여 새로운 선풍의 도래를 출현시켰습니다. 그것이 곧 본격적인 조사선의 가풍이었습니다. 조사선은 보리달마에 그 바탕을 두고 중생과 성인이 다르지 않고 애초부터 수행과 깨침을 동일하게 간주하는 입장에서 본래성불(本來成佛) 사상에 근거하여 그것을 일상의 생활에서 실천하는 선풍이었습니다.

특히 마조도일(馬祖道一: 709-788)과 석두희천(石頭希遷: 700-790)을 쌍벽으로 하여 각각 강서지방과 호남지방을 근거지로 잡화포(雜貨鋪)와 진금포(眞金鋪)의 선풍을 전개하였습니다. 이들은 주로 오랫동안 한 곳에 주석하고 있던 지방을 중심으로 하여 인물을 이후 다양한 가풍을 출현시켰습니다. 이에 9세기 중반부터는 그와 같은 인물을 중심으로 하여 개성이 강한 선풍이 전개되었습니다. 그것이 소위 선종오가(禪宗五家)입니다. 선종오가는 중국의 선종이 가장 번성했던 시기에 출현한 다섯 종파를 말합니다.

첫째는 임제의현(臨濟義玄: ?-867)의 선풍을 중심으로 형성된 것이 임제종(臨濟宗)입니다. 임제의현의 속성은 형(邢)씨이고 조주(曹州) 출신입니다. 어려서부터 뛰어났으며 효성이 지극하였습니다. 낙발하고 구족계를 받으면서 강사가 되었으며 율을 궁구하고 널리 경론을 탐색하였습니다. 그러나 마침내 교외별전의 종지를 추구하고자 선문에 입문하여 황벽의 문하에 들어갔습니다. 그곳에서 3년 동안 순일하게 행업을 닦아 수좌였던 진존숙(陳尊宿) 목주(睦州)로부터 "비록 후에 다시 태어난다 해도 대중과는 다를 것이다."라는 찬탄을 자아냈다고 합니다.

그리고 목주의 지시를 받아 황벽희운(黃檗希運)에게 불법의 궁극적인 뜻에 대하여 세 차례를 물었지만 모두 계합되지 못하였습니다. 임제는 그곳을 떠날 결심을 하고 황벽의 지시를 받아 고안대우(高安大愚)의 문하에 참문하여 깨쳤습니다. 이에 다시 황벽으로 돌아와 황벽희운의 법을 계승하였습니다. 다시 하북으로 가서 진주성(鎭州城)의 동남쪽에 있는 호타하(滹陀河) 부근에 작은 암자를 짓고 머물렀는데 곧 임제원(臨濟院)입니다. 여기에서 임제는 선기를 치성하게 사용하고 방·할(棒·喝)을 휘두르면서 무사(無事)의 종풍을 크게 거양하였습니다. 이리하여 임제의 작은 암자는 갑자기 하북에서 선의 중심지로 발전하였습니다.

후에 병란을 피하여 옷을 벗고 남쪽으로 숨어들어 하남부(河南府)로 옮겼습니다. 당시 하남부의 부주(府主)인 왕상시(王常侍 곧 王敬初)는 임제를 맞아들여 스승의 예를 취했습니다. 임제는 어느 날 옷을 정제하고는 앉아서 '내가 멸한 후에 정법안장이 멸각되지 않도록 하라.'는 가르침을 남기고 질병이 없이 홀연히 입적하였습니다. 의종황제는 혜조선사(慧照禪師)라는 시호를 내렸습니다. 입실제자가 22인으로 삼성혜연(三聖慧然)·보수연소(保壽延沼)·위부대각(魏府大覺)·흥화존장(興化存奘) 등의 그 가풍을 크게 발전시켰습니다.

임제의 근본사상은 중생과 부처가 다르지 않다는 생불불이관(生佛不二觀)에 입각하여 무심(無心)을 중시하고 무사(無事)를 종지로 삼은 점에 있습니다. 학인을 접득하는 방법으로는 사할(四喝)·사요간(四料揀)·삼구(三句)·삼현(三玄)·삼요(三要)·사조용(四照用)·사빈주(四賓主) 등이 있습니다. 제자 혜연이 편집한 『임제록』은 선사의 언행을 기록한 것으로 상당(上堂)·시중(示衆)·감변(勘弁)·행록(行錄) 등이 수록되어 있어 임제의 선풍을 엿볼 수 있는 가장 중요한 어록입니다.

둘째는 위산영우(潙山靈祐: 771-853)와 앙산혜적(仰山慧寂: 807-883)의 선풍을 중심으로 형성된 것이 위앙종(潙仰宗)입니다. 백장회해(百丈懷海: 749-814)의 제자 위산영우의 속성은 조(趙)씨입니다. 15세에 건선사(建善寺)의 법항율사(法恒律師)에 나아가서 20세에 삭발하고, 3년이 지난 23세에 구족계를 받았습니다. 23세에 천태산에 들어가 은사였던 한산(寒山)을 만나고, 다시 국청사에 이르러 습득(拾得)을 만나보고 나서 '담(潭)을 만나면 곧 멈추어라.'는 예언적인 일구를 들었습니다. 그리고 강서의 늑담(泐潭)에 이르러 백장을 참하고 곧 입실을 허락받았습니다. 백장을 모시고 있으면서 화롯불 속의 불로 인하여 문득 달마조사의 뜻을 요달하였습니다.

백장의 권유를 받아 호북성 장사부의 심산유곡이었던 대위산(大潙山)에 주석하면서 상수리와 밤을 주식으로 삼으면서 오로지 묵좌(黙坐)에 정진하였습니다. 산민(山民)이 그것을 보고 여러 신도와 함께 절을 지었는데 상·담(湘·潭)을 통섭하고 있던 이경겸(李景謙)이 좋은 인연이 있기를 원하여 주청으로 이것을 동경사(同慶寺)라 하였습니다. 이곳에서 42년 동안 교화하면서 선풍을 진작하였습니다. 후에 회창법난(會昌法難: 842-845) 시절에는 모자를 둘러쓰고 백성이 되어 더불어 지내다가 그의 법난 이후에 다시 세상에 드러나 배휴(裴休)·최군(崔群) 등으로부터 존숭을 받았습니다. 시호는 대원선사(大圓禪師)이고, 입실한 제자가 41인 가운데 앙산혜적(仰山慧寂)과 향엄지한(香嚴智閑) 등이 그 선풍을 널리 전파하였습니다.

위산영우는 매우 근엄하여 면밀한 종풍을 선양한 것으로 알려져 있습니다. 범·성(凡·聖)의 분별이 사라지면 체로진상(體露眞常)·이사불이(理事不二)하여 곧 그대로 여여불(如如佛)임을 가르쳤습니다. 위산의 면목은 악각(惡覺)과 정견(情見)이 없이 마음이 추수와 같이 맑은 무위(無爲)·무사(無事)를 보여주어 무심(無心)을 실천하였습니다. 이미 무심·무사의 경지가 되어 높은 것은 높은 대로 평탄하고 낮은 것은 낮은 대로 평탄하여 제법이 각기 제자리에 주하여 걸림이 없는 모습이었습니다. 그래서 상당법어 가운데는 "깨침의 당처에서는 어떤 법도 받지 않고 갖가지 수행에서는 어떤 법도 버리지 않는다. 實際理地 不受一塵 佛事門中 不捨一法"는 말은 주자(朱子)의 마음을 감동시켰다고 합니다.

앙산혜적의 속성은 섭(葉)씨이고 광동성 광주부의 소주 출신입니다. 15세에 출가를 청했지만 부모가 허락하지 않자 17세가 되어 다시 청하였으나 또 부모의 유예로 출가하지 못했습니다. 그 밤에 두 줄기의 흰 빛이 조계로부터 뻗쳐나와 곧 그 집을 뚫고 들어왔습니다. 이에 혜적은 오른손의 무명지와 새끼손가락을 잘라 부모 앞에 바쳤습니다. 부모는 곧 자식의 지성이 감응한 것을 알고 출가를 허락하였습니다.

혜적은 곧장 남화사(南華寺)의 통선사(通禪師)에게 삭발하고, 18세에 사미계를 받고 제방으로 선지식을 참방하였습니다. 우선 길주(吉州)에 이르러 탐원응진(耽

源應眞)에게 참문하여 수년 동안 사사하여 현지를 깨치고 96종의 원상(圓相)을 받았습니다. 이후에 위산에 올라 영우에게 참문하여 14-5년 동안 정진을 하여 마침내 그 심인을 받았습니다. 그리고 35세에 대중을 거느리고 출세하였습니다. 징허대사(澄虛大師)라는 호와 자의(紫衣)를 받았는데, 상공이었던 정우(鄭愚)와 육희성(陸希聲)도 앙산의 교화를 받았습니다. 시호는 지통선사(智通禪師)입니다.

앙산의 선풍은 위산영우의 '범부와 성인의 분별심을 버리면 깨침이 고스란히 드러난다. 그래서 이와 사가 다르지 않게 되면 그것이 바로 진여로서 부처이다. 凡聖情盡 體露眞常 事理不二 卽如如佛'는 현지(玄旨)를 깨치고나서 회광반조(回光返照)하여 여실하게 수행하는 것을 크게 고조시켰습니다. 그리고 교화방식으로는 갖가지 부호를 이용하였고, 원상을 응용하여 소위 표상현법(表相現法)을 현창하였습니다. 이것은 남양혜충 - 탐원응진으로부터 전수받았으며, 또한 백장회해 - 위산영우로부터도 그와 관련된 방편을 터득하였습니다.

셋째는 동산양개(洞山良价: 807-869)와 그 제자인 조산본적(曹山本寂: 840-901) 및 운거도응(雲居道膺: ?-902)의 선풍을 중심으로 형성된 것이 조동종(曹洞宗)입니다.

운암담성(雲岩曇晟: 780-841)의 제자 동산양개의 속성은 유(兪)씨로서 절강성 소홍부의 제기현 출신입니다. 어려서 마을 절에서 『반야심경』을 읽고는 근·진(根·塵)이 없다는 뜻을 물었습니다. 원주는 자신이 양개의 스승이 될 자격이 없다 여기고 마침내 절강성 금화현의 오설산(五洩山)에 영묵(靈黙: 747-818)에게 보내서 출가를 시켰습니다. 21세에 숭산(嵩山)으로 가서 구족계를 받았습니다.

유행에 나서서 처음 마조의 제자인 남전보원(南泉普願: 748-834)을 참문하고 깊은 현지를 터득하였습니다. 이어서 대위산에 가서 영우에게 참문하여 남양혜충의 무정설법(無情說法)을 물었습니다. 그리고 영우의 권유에 의하여 곧 운암산에 가서 담성(曇晟)에게 의탁하였습니다. 거기에서 무정설법의 뜻을 터득하고 깊이 깨친 바가 있었습니다. 담성의 곁에서 **모시다가** 담성이 시적한 후에는 위산에 가려고 밀사백(密師伯 곧 神山僧密)과 더불어 길벗을 삼아 개울을 건너가다가 개울물에 어려비췬 자신의 모습을 보고 대오하였습니다.

39세 때에 회창파불(會昌破佛)의 시대를 만나 난을 피하여 속복을 입었다가 선종황제 때 신풍산에서 선법을 펴고, 이후 강서성 예장현 균주의 동산(洞山)으로 옮겨 크게 교화를 폈습니다. 시호는 오본대사(悟本大師)이고, 사법제자가 26명인데 그 가운데서 운거도응(雲居道膺)과 조산본적(曹山本寂)이 가장 뛰어났습니다. 특히 운거도응의 문하에서는 해동의 사무외대사(四

無畏大士)를 비롯하여 신라 출신의 선사들이 많이 배출
되기도 하였습니다.

동산양개의 사상은 『보경삼매(寶鏡三昧)』·『현중명
(玄中銘)』·『신풍음(新豊吟)』을 비롯하여 두 종류의 어
록과 『조당집』·『전등록』 등을 통해서 엿볼 수 있습니
다. 요컨대 동산은 시대에 즉하여 선법을 현양하고 명
리를 배척하며 학인을 책려하고 면밀한 행업을 닦게 하
는 데에서 그 특색을 찾을 수 있습니다.

『보경삼매』의 서두에 말하는 '여시법(如是法)'이란 불
조정전(佛祖正傳)의 선법으로서 자성청정한 일심의 오
수(悟修)를 가리키는 말입니다. 그 일심이란 석두희천
(石頭希遷: 700-790)의 『참동계』에서 말하는 부처님이
마음을 가리키는 축토대선심(竺土大仙心)입니다. 그것
을 곧 보경(寶鏡)에 비유하여 운문시의 형태로 수도의
마음자세를 표현한 것입니다. 『보경삼매』의 주요한 뜻
은 정편회호(正偏回互)를 설하는 데에 있습니다. 정편
오위의 사상은 조사선에서 말하는 보살행의 실천을 철
학적인 원리를 가미하여 다섯 가지 측면으로 엮어낸 것
입니다.

조산본적(曹山本寂: 840-901)의 속성은 황(黃)씨이
고 복건성 흥화부 천주(泉州) 출신입니다. 19세에 복주
의 영석산에서 출가하고 25세에 구족계를 받았습니다.
회창법난(會昌法難: 842-845)을 겪고나서 동산양개에
게 참문하여 입실을 허락받았습니다. 대중에 처해서는

어리석은 듯하였고, 말을 하는데 있어서는 무척 어눌하였습니다. 수년 동안 참학하여 수법(受法)하고 동산을 떠나 널리 강호를 유방(遊方)하였습니다.

처음 대중들로부터 초청받아 법을 펼친 곳은 강서성 무주부의 길수산(吉水山)이었는데 조계혜능의 뜻을 기리고자 조산(曹山)이라 개명하였습니다. 후에 하옥산(荷玉山)으로 옮겼는데 법석이 더욱 융성하여 동상(洞上)의 현풍을 크게 떨쳤습니다. 참선학도가 여름이나 겨울이나 항상 천 2-3백 명에 달하였습니다. 남평왕(南平王) 종전(鍾傳)이 재삼 사신을 보냈지만, 병을 핑계로 응하지 않았습니다. 조산은 스승인 동산양개의 오위(五位)를 널리 현창하여 조동종의 종지로서 지금까지 전승되고 있습니다. 칙명으로 원증선사(元證禪師)라는 시호를 받았습니다. 동산이 『보경삼매(寶鏡三昧)』에서 오위의 도리에 대하여 비유를 가지고 나타냈지만 조산은 나아가서 그것을 조직화하여 스승의 문풍을 진작시켰습니다.

운거도응의 속성은 왕(王)씨로서 하북성 옥전현의 유주 출신입니다. 25세에 하북성 경조부 범양의 연수사(延壽寺)에서 구족계를 받았습니다. 처음에는 소승의 계율을 익혔지만 취미산(翠微山)으로 가서 3년 동안 문법하고 좌선을 하였습니다. 후에 예장현에서 온 어떤 승이 들려주는 동산선사의 법요를 듣고 동산에 나아가 그 문하에 들어갔습니다. 그곳에서 득법한 후에 삼봉

(三峰)에 머무르고, 다시 강서성 영수현 홍주의 운거산
(雲居山)에서 크게 교화하였는데 대중이 항상 천여 명
이상이었습니다. 시호는 홍각선사(弘覺禪師)입니다.

도응의 선풍은 초탈무의(超脫無依)하였는데, 만법즉
일심(萬法卽一心) 일심즉일체성(一心卽一切性)을 설하
였습니다. 28명의 사법제자 가운데 동안도비(同安道丕)
· 귀종담권(歸宗澹權) · 귀종회운(歸宗懷惲) · 운거도한
(雲居道閑) 등이 유명합니다.

넷째는 운문문언(雲門文偃: 864-949)의 선풍을 중심
으로 형성된 운문종(雲門宗)입니다. 운문문언의 속성은
장(張)씨로서 절강성 가흥현 오월의 소주(蘇州) 출신입
니다. 어린 나이에 가흥현의 공왕사(空王寺) 지징(志
澄)에게 출가하였습니다. 지징스님을 모시고 율을 익히
고나서 진존숙(陳尊宿)으로 불렀던 목주도종(睦州道蹤)
에게 참문하였습니다. 도종의 지시를 받아 설봉의존을
참문하여 그곳에서 수행하며 함개(函蓋)가 서로 합치하
여 은밀히 심인을 받았습니다. 후에 동암 · 소산 · 조산
· 천동 · 귀종 · 건봉 · 관계 등 제방을 유력하고, 나아가
서 소주의 영수원(靈樹院)의 여민(如敏)을 참문하고 그
곳의 제일좌(第一座)가 되었습니다.

여민이 시적한 후에 유시(遺示)를 받아 영수원에 주
석하였는데, 입내(入內)하여 설법하여 자포(紫袍) 및
광진선사(匡眞禪師)라는 호를 받았습니다. 만년에 광동

성 유원현의 운문산(雲門山)으로 옮겨 사찰을 크게 신축하고 선법을 크게 진작하였습니다. 시호는 대자운광진운문선사(大慈雲匡眞雲門禪師이고, 득법한 제자 61명 가운데 익주의 향림징원(香林澄遠)의 법계가 후대까지 이어졌습니다.

운문의 접화방법은 금종서권(擒縱舒卷)·종횡변화(縱橫變化)하여 신묘(神妙)를 다하고 그 설법은 사람들의 의표를 찌르는 날카로움이 있었습니다. 그리고 납자를 상대해서는 일어일자(一語一字)로써 갈등을 직절(直截)하는 일자관(一字關)에 중점을 두었습니다. 요컨대 운문은 모든 사람들에게 광명이 내재되어 있음을 인정하고 무심(無心)·무사(無事)를 강조하였으며, 더욱이 평상에 활작략의 선기를 현성시키는 교화를 펼쳤습니다.

다섯째는 법안문익(法眼文益: 867-928)의 선풍을 중심으로 형성된 법안종(法眼宗)입니다. 나한계침(羅漢桂琛: 867-928) 제자인 법안문익은 청량문익(淸凉文益)으로도 불리는데 속성은 노(魯)씨로서 절강성 항주부의 여항현 출신입니다. 7세에 속가를 나와 신정(新定)의 지통원(智通院)에서 삭발하고 전위선백(全偉禪伯)에 의지하였습니다. 후에 개원사에서 구족계를 받고, 명주 육왕사(育王寺)의 희각(希覺) 율사를 참문하고, 복주의 장경혜릉(長慶慧稜)에게 참문하였습니다. 다시 지장원(地藏院)에 우거하며 나한계침(羅漢桂琛)의 접득을 받았습니다. 대오한 후에는 법진(法進) 등과 동행하면서 임천(臨川)에 이르렀습니다. 그곳 주목(州牧)의 청에 응하여 숭수원(崇壽院)에 주석하였는데 사방의 운수납 자들이 몰려들어 그 문하에 항상 천 명 이상이 있었습니다.

이후 남당(南唐)의 이변(李昪)의 초청에 의하여 금릉의 보은선원(報恩禪院)으로 옮겼고, 다시 청량사(淸凉寺)에 주석하면서 선풍을 진작하여 제방의 총림이 모두 그의 교화를 입었습니다. 득법한 제자 83인 가운데 천태덕소(天台德韶)가 가장 유명합니다. 법안이 저술한 『종문십규론(宗門十規論)』은 선의 폐풍을 지적하여 훈잠(訓箴)을 가한 책입니다.

문익이 거양한 법문은 선교융합입니다. 그리고 명암(明暗)과 이사(理事)가 상즉하는 묘용을 드러내는 것입니다. 또한 화엄의 원융도리를 설하여 삼계유심(三界唯心)·만법유식(萬法唯識)의 도리를 보였습니다. 문익은 석두의 선법을 좋아하여 『참동계』를 홍포하고 그 주해를 짓기도 하였습니다. 문익이 개창한 법안종은 천태덕소를 거쳐 영명연수(永明延壽: 904-975) 시대에 크게 유행하였습니다.

이와 같이 선종오가의 사상은 일반적으로 즉심시불(卽心是佛)을 바탕으로 하여 선자의 경험과 전승과 성격 등에 의하여 실수(實修)의 가풍이나 접화의 수단에 나타난 차이였습니다. 오가의 분파에 대하여 원나라 시대의 천목중봉(天目中峰: 1263-1323)은 그 가풍을 간소하게 곧 임제의 통쾌(痛快)·위앙의 근엄(謹嚴)·운문의 고고(高古)·조동의 세밀(細密)·법안의 상명(祥明)이라 평가하였습니다.

요컨대 임제종지는 선기가 엄격하여 살활(殺活)의 작용을 자유자재하게 드러내며, 위앙종지는 근엄한 문답을 통하여 스승과 제자가 은근히 계합하고, 조동종지는 수행과 이해가 상응하여 행업이 주도면밀하며, 운문종지는 기발하고 단출한 언구를 가지고 취사분별의 온갖 번뇌를 그치고, 법안종지는 교학의 다양한 교의를 활용하여 납자의 번뇌를 제거하였습니다. 이로써 남종에서 분립된 선종오가의 법맥을 도표로 나타내면 다음과 같습니다.

혜능 ┌남악회양-마조도일-백장회해┌황벽희운-임제의현 (임제종)
│   └위산영우-앙산혜적 (위앙종)
└청원행사-석두희천-약산유엄-운암담성-동산양개-조산본적(조동종)
                          └-천황도오-용담숭신-덕산선감-설봉의존┌-운문문언
                                                              └-현사사비-
나한계침-법안문익(법안종)

17. 송대의 선종

질문 : 선종의 전개시대로 불리는 송대의 선풍에 대하여 말씀해 주십시오.

답변 : 청량문익(淸凉文益은 法眼文益이라고도 한다)이 입적한 뒤 2년(960)이 지나 북송이 일어났지만 그 무렵부터 남송이 멸망할 때까지 무려 320여 년은 선종의 전개시대입니다. 이 시대에 있어서 일반의 선풍은 전시대의 활달불기(豁達不羈)한 자유성을 상실해버리고 점차 고정화되어 고칙에 얽매이는 작은 길목으로 빠져버리는 느낌이 듭니다.

북송시대 운문의 계통은 누구나 인재를 배출하여 일세를 풍미하였는데, 운문문언의 제자 61명 가운데 익주(益州) 청성(靑城) 향림원(香林院)의 징원(澄遠)의 법맥이 후대까지 번영하였습니다. 징원의 제자로 수주(隋州) 지문광조(智門光祚)가 있는데, 그 법사 30명 가운데는 설두중현(雪竇重顯)이 있습니다.

설두중현(雪竇重顯: 980-1052)은 어려서부터 영민하여 책을 읽고 글을 짓는 데 뛰어났습니다. 익주 보안원의 인선(仁銑)에게 출가하여 구족계를 받은 후에 촉(蜀)을 나와 형저(荊渚)에서 부침(浮沈)하였는데, 성년(盛年)에 달해서는 한묵(翰墨)을 좋아하고 운월(雲月)을 벗삼아 지냈습니다. 후에 북쪽으로 유행하여 복주(復州)의 북탑(北塔)에 나아가 광조(光祚)에게 참문하여 광조의 방(棒)을 얻어맞고 깨친 후에 5년 동안 그곳에서 머물면서 광조의 도를 모두 체득하였습니다.

학사(學士) 증회(曾會)의 권유에 따라서 영은(靈隱)

에 나아가 3년 동안 대중속에 섞여 살면서 두각을 드러내지 않았는데, 소주(蘇州)의 취봉(翠峰)에 자리가 비어 있었으므로 중현을 천거하여 설법을 하게 하였습니다. 증회가 사명(四明)의 주(主)가 되면서부터는 중현을 초빙하여 설두산 자성사(資聖寺)에 주석하게 하자, 선풍이 저절로 사방에 알려져 학도들이 운집하였습니다. 설두중현은 운문종의 중흥조(中興祖)로서 후에 자의(紫衣)를 받고 명각대사(明覺大師)라는 호를 받았습니다. 그가 지은 『송고백칙(頌古百則)』은 후에 원오극근(圓悟克勤)에 의하여 수시(垂示)·착어(著語)·평창(評唱)이 가해져 『벽암록(碧巖錄)』이 되었습니다. 그의 종풍은 사람들로 하여금 자연스레 상광(常光)이 현전(現前)하고 개개가 벽립천인(壁立千仞)하여 직하에 무사(無事)가 되어 묘원초오(妙圓超悟)케 하였습니다.

징원과 동학한 덕산연밀(德山緣密)로부터는 문수응진(文殊應眞)·동산효총(洞山曉聰)·불일설숭(佛日契嵩)으로 이어졌지만, 설숭(1007-1073)은 관세음을 독신(篤信)하고 『원교론(原敎論)』을 지어 유·석(儒·釋)의 도가 일관된다는 것을 설명하고, 『선문정조도(禪門定祖圖)』·『전법정종기(傳法正宗記)』·『보교편(輔敎篇)』 등을 지어 선문 28조의 전기를 명료하게 하였다. 문집으로는 『가우집(嘉佑集)』·『치평집(治平集)』·『심진문집(鐔津文集)』 등이 있습니다. 설숭의 사상은 화엄을 배경으로 하여 일심(一心)으로 종(宗)을 삼았습니다.

임제종은 종조 의현으로부터 흥화존장 · 남원혜옹 · 풍혈연소 · 수산성념 · 분양선소 · 자명초원을 거쳐 황룡 혜남에 이르러 황룡파가 열리고, 양기방회에 의하여 양기파가 출현하였습니다. 황룡 · 양기의 두 파를 오가에 합하여 세상에서는 칠종이라 합니다. 수산성념은 임제의 심요를 잘 이해하여 풍혈의 부촉을 저버리지 않고 삼구를 거창하였으며, 사빈주 · 사조용 · 사요간에 착어를 붙여 임제가 흥륭하는 것에 기초를 닦았습니다.

분양선소(947-1024)는 14세에 부모를 잃고 삭발하고 구족계를 받아 제방의 노숙 71명을 역참하였는데, 그 가운데는 조동의 선풍을 좋아하여 양주 석문산의 혜철(慧徹)에게도 참하였지만 다시 수산으로 돌아와 성념의 문을 두드리고 계오하였습니다. 복근(服勤)에 오랫동안 머문 후에 상형(湘衡)에 있으며 명리(名利)를 피하고 대찰(大刹)의 청(請)을 사양한 것이 8회였고, 수산(首山)이 시적한 후 비로소 태자원(太子院)에 주석하여 한 걸상에 연좌(宴坐)하여 30년간 그곳을 벗어나지 않았습니다. 도·속(道·俗)이 경모하여 감히 그 이름을 언급하지 못하고 단지 분양(汾陽)이라고만 불렀습니다.

제산(諸山)을 유력(遊歷)하였기 때문에 스스로 얻은 바가 있어 삼결(三訣) · 삼구(三句) · 삼현(三玄) · 삼요(三要) · 사전어(四轉語) · 사할(四喝) · 사빈주(四賓主) · 오위(五位) · 육상(六相) · 십지동진(十智同眞)[2] · 십팔문답(十八問答) 등을 주창하였고, 또한 영사(詠史)를

모방하여 고칙을 송(頌)하여 선문송고(禪門頌古)의 시
작을 알렸습니다.

분양의 법사 16인 가운데 석상초원·낭야혜각의 두
사람이 가장 뛰어났습니다. 초원의 종풍은 간고(簡古)
하였고 기·용(機·用) 또한 월격(越格)하였는데 이것은
임제의 선을 자득(自得)한 것이었습니다. 목동의 노래
는 그가 지은 것으로서 삼매에 유희하는 소식을 妙하게
설한 것입니다. 낭야산의 혜각은 이사불이(理事不二)·
성상민융(性相泯融)을 설하고, 주장자를 즐겨 활용하여
설두중현과 동시에 창도(唱道)하여 당시 이감로문(二甘
露門)이라 일컬어졌습니다.

초원의 제자 황룡혜남(黃龍慧南: 1002-1069)은 속
성이 장(章)씨로서 신주 옥산현 사람으로 11세에 집을
나와 신주 회옥사의 지란(智鑾)을 시봉하고 19세에 삭
발하고 마침내 구족계를 받은 후에 원유(遠游)하여 여
산의 귀종사에 이르러 자보노숙(自寶老宿)에게 참문했
습니다. 그리고 서현사의 징시(澄諟)에게 의지하여 3년
을 머물다가, 서현(棲賢)을 그만두고 회(淮)를 건너 기
주 삼각산에 이르러 회징(懷澄)에게 참문하자 회징은
혜남을 보고 곧 그릇됨을 허락하였습니다.

회징이 늑담으로 옮겼기 때문에 혜남도 그를 따라 늑

---

2) 분양선소가 시중설법에서 다음과 같이 말했다. "夫說法者 須具十智同眞
一同一質 二同大事 三總同參 四同眞智 五同徧普 六同具足 七同得失 八
同生殺 九同音吼 十同得入 苦不具十智同眞 邪正不辨 緇素不分 不能爲人
天眼目 決斷是非"

담으로 옮겼다가 마침내 형산에 올라 복엄(福嚴)에 잠시 머물렀습니다. 초원이 복엄의 주지가 되고부터는 마침내 그의 심인을 잇고, 나아가서 홍주 봉서산의 동안(同安)에 노닐며, 또한 여산의 귀종사에도 주석하였지만 하루저녁에 화재가 나서 수라장이 되어버렸습니다. 허락을 받아 황벽산으로 옮겨 계산(溪山)에 암자를 지어 적취암(積翠庵)이라 하였는데, 후에 융흥부 황룡산에 출세하여 종풍을 크게 선양하였습니다.

혜남은 심조(心操)를 엄격하게 지키고 사람을 교화하는 데에도 공명(公明)이 있었습니다. 황룡으로 옮긴 후에 불수(佛手)·여각(驢脚)·생연(生緣)의 삼전어(三轉語)를 내세워 학인을 징험(徵驗)하였는데, 이것을 천하의 총림에서는 황룡삼관(黃龍三關)이라 합니다.[3)]

초원의 제자 양기방회(996-1049)는 속성은 냉(冷)씨였으며, 원주 의춘 사람으로 어려서부터 총명하여 담주의 도오산에서 낙발하고 제방으로 노숙들을 참방하였습니다. 초원은 남원(南源)에 주한다는 소문을 듣고 그곳에 가서 보좌하면서 근고(勤苦)를 게을리하지 않았는데, 도오(道吾)·석상(石霜)으로 옮길 때마다 방회를 감원(監院)으로 앉혔습니다. 방회는 비가 오는 어느 날에 초원으로부터 질문을 받고 깨달음을 얻고, 초원이

---

3) 黃龍은 항상 三問으로 제자를 접화하였다. "曰 人人有個生緣 如何是汝生緣 曰 我手何似佛手 曰 我脚何似驢脚 每以此三語問學者 無能契其旨者 天下叢林名爲三關 纔有酬者 師無可否 斂目危坐 人莫測其意 問其故 師云 已過關者 掉臂徑去 安知有關吏 從吏問可否 是未透關者"

흥화에게 가자 그를 하직하고 구봉산으로 갔습니다. 그런데 치·소(緇·素)가 청하자 원주 양기산의 출세하게 하였습니다. 경력 6년(1046) 담주 운개산 해회사로 옮겨 오래지 않아 시적하였습니다. 방회의 선은 임제문의 구형을 따르지 않고 규각(圭角)을 드러내지 않으면서도 교묘한 기용을 구비한 점에 있습니다.

조동종은 당대(唐代)에 많은 용·상(龍·象)을 배출하였지만 오대(五代)를 거쳐 송(宋)에 들어와서는 마침내 그 전(傳)이 상실될 위기에 처하였습니다. 곧 동산양개로부터 운거도응(雲居道膺) · 동안도비(同安道丕) · 동안관지(同安觀志) · 양산연관(梁山緣觀) · 대양경현(大陽警玄)으로 이어졌지만, 부산법원 (浮山法遠: 991-1067)에 의하여 경현의 법을 후에 대기(大器)에게 맡길 것을 기약하고 투자의청(投子義靑: 1032-1083)에게 조동의 법을 주었다고 합니다. 그리하여 투자의청에 의하여 부용도해 · 단하자순을 거쳐 천동정각 · 장로청료의 두 뛰어난 인물이 나타났습니다.

굉지정각(宏智正覺: 1091-1157)은 묵조선을 주창하여 조동의 문풍을 크게 거양하였습니다. 정각의 속성은 이(李)씨였고, 습주 사람으로 11세에 습주 정명사의 본종(本宗)에게 득도하고, 14세에는 진주 자운사의 지환(智瓊)에 의하여 구족계를 받았으며, 18세에 유방하면서 선지식을 구하여 편참하였습니다. 황하를 건너 낙양에 들어가 소실산에서 하좌(夏坐)하고 용문(龍門)에 유

행하였으며, 나아가서 여주 향산에 머물러 고목법성(枯
木法成)을 참문하였습니다. 고목법성은 정각이 한눈에
고목에게 법기임을 알았습니다. 어느 날 한 승이 『법화
경』 읽는 소리를 듣고 부모소생안실견삼천계(父母所生
眼悉見三千界)라는 부분에 이르러 갑자기 깨달음을 얻
고, 마침내 단하자순(丹霞子淳: 1064-1117)에게 참하
여 문답으로써 계오한 것이 23세였습니다. 선화 2년
(1120) 자순이 수주 대홍산으로 옮기자 그곳에서 정각
은 기실(記室)을 맡았고, 선화 3년에는 수좌가 되었습
니다.

　선화 4년에는 여산 원통사의 유조(惟照)의 문하에서
분좌(分座)하였고, 진헐청료(眞歇淸了: 1091-1152)의
청에 의하여 진주 장로산에 이르러 제일좌가 되었습니
다. 이윽고 사천의 보조선사·서주의 태평흥국선원·강
주의 여산원통숭숭선원·강주 능인선사를 편력하고, 불
과극근의 청에 의하여 장로산의 주지가 되었으며, 전당
강을 건너 명주에 이르러 보타산의 관음에게 예를 드리
려고 천동산 경덕사에 들렀습니다. 그곳에서 다 쓰러져
가는 사찰을 경영하고 전당(殿堂)을 새로 지었으며, 전
원(田園)을 늘려 천동산의 옛모습을 일대 혁신하여
1200명의 대중을 상주시켰습니다. 소흥 8년(1138) 영
은사에 주하였으나, 곧 그해 10월에 천동산으로 돌아와
28년 동안 머물렀고, 소흥 27년(1157) 대혜종고에게
후사를 부탁하고 시적하였습니다. 세수 67, 굉지선사(宏

智禪師)라는 시호를 받았고, 제자가 280명이었다.

굉지가 일대에 주창한 법문의 중점은 이사민융(理事泯融)·편정회호(偏正回互)·명암상즉(明暗相卽)·적조허령(寂照虛靈)·환중허백(寰中虛白)에 묘협(妙叶)하는 것에 있다. 허령적조(虛靈寂照)의 선법이었으므로 이것을 묵조선(黙照禪)이라 불렀는데, 그것은 정각이 지은 「묵조명(黙照銘)」에 그 내용이 명시되어 있습니다. 묵묵히 타좌(打坐)하는 당처(當處)는 요연(了然)하게 조(照)하는 자증(自証)의 경지로서, 곧 본래면목이 직하에 현성하는 것이기 때문에 나아가 구해야 할 어떤 것도 없습니다. 그러나 한 걸음 어긋나면 대혜가 지적한 것처럼 한회고목(寒灰枯木)의 사선(死禪)에 떨어지고 맙니다. 굉지는 또한 『송고백칙(頌古百則)』을 지었는데, 진헐청료로부터 9대 째에 해당하는 만송행수(萬松行秀: 1166-1246)가 여기에 시중(示衆)·착어(著語)·평창(評唱)을 붙여 『종용록(從容錄)』을 만들었습니다. 진헐청료의 4대손에 해당하는 천동여정은 정법을 도원(道元)에게 전하였습니다.

양기방회의 제자 백운수단(白雲守端: 1025-1072)은 법사 12인 가운데 오조법연(五祖法演: 1024-1104)은 기주 황매산 동선사에 주석하면서 40여 년 동안 승려를 제접하여 크게 임제의 문풍을 거양하였습니다. 득법한 제자 22인 가운데 불과극근·불감혜근·불안청원 등 소위 삼불(三佛)이 출현하였습니다. 사법제자 75인 가운데 대혜종고 · 호구소륭의 이감로문(二甘露門)은 남송의 초기에 활약하여 선풍을 크게 드날렸는데, 대혜는 크게 간화선을 고취하여 조동의 묵조선과 쌍벽을 이루었습니다.

대혜종고(大慧宗杲: 1089-1163)의 속성은 해(奚)씨였습니다. 선주 영국 사람으로 13세에 향교에 들어가 공부하였고, 16세에 동산 혜운원의 혜제(慧齊)에게 낙발하고 이듬해 구족계를 받았습니다. 제가(諸家)의 어록을 두루 열람하였지만 특히 운문문언(雲門文偃: 864-949)과 목주도종(睦州道蹤: 780-877)의 어록을 좋아하였고, 오가의 종파도 곧 하나의 달마문하인데 왜 이렇게 많은 문풍이 있는가 하는 의심을 품고, 선주 명교의 소종(紹珵)에게 청익하였습니다. 또한 항상 설두의 염고(拈古)와 송고(頌古) 및 고로(古老)의 인연을 참구하였습니다.

20세에 영주에 유행하고 대양산의 원수좌(元首座) · 동산의 미화상(微和尙) · 견시자(堅侍者) 등을 만났습니다. 처음은 조동의 종지를 궁구하였지만, 그 전수부촉(傳授付囑)에 즈음하여 불조(佛祖)의 자증자오(自証自悟)의 법에 계합하지 못하자 담주 대위산의 모철(慕喆)의 회하에 들어갔고, 또한 여산의 동림에 이르러 조각(照覺)에게 참했지만 계합하지 못하자 다시 개원(開元)의 지순(智珣)에게 의지하였습니다. 지순의 지시를 따라 보봉으로 가서 담당문준(湛堂文準: 1061-1115)에게 참문하였는데, 문준이 시적하자 장상영(張商英: 1043-1121)을 만나 탑명을 구하였습니다. 이때 장상영이 종고를 보고 말 한마디에 서로 계합하자 걸상을 내려와 조석으로 함께 법담을 나누었습니다. 이후에 종고의 암자에 묘희(妙喜)라는 이름을 붙여주고, 종고의 자(字)를 담회(曇晦)라고 지어주었습니다.

37세에 동경(東京)의 천녕(天寧)으로 원오극근을 참하여 조석으로 참청하여 마침내 활연대오하였고, 극근이 촉(蜀)으로 돌아가자 비로소 옛 운문암에 주하였는데 학도들이 운집하였습니다. 천주(泉州)의 작은 계곡에 있는 운문암으로 모여들자 대혜는 임안(臨安)의 경산 능인선원으로 옮겼는데, 법석이 성행하여 대중이 2천여 명이 모여들었습니다.

소흥 11년(1141) 진회(秦檜: 1090-1155)에 의하여 형주로 유배되어 그곳에서 10년을 머무르고 다시 매주로 유배지를 옮겼습니다. 도를 추구하는 학도들이 양식을 짊어지고 대혜를 유배지로 찾아왔는데, 후에 유배지로부터 풀려나 소흥 26년(1156)에 조칙으로 명주 아육왕산 광리선사(廣利禪寺)에 주석하고 소흥 28년에는 조칙으로 다시 경산에 주석하였습니다. 소흥 31년에 주지에서 물러나 명월당(明月堂)에 머물렀는데, 효종의 독실한 귀의를 받아 묘희암(妙喜菴)이라는 사액을 받았습니다. 융흥 원년(1163) 효종이 즉위하자 대혜선사(大慧禪師)라는 호를 내렸는데, 그해 약간의 병을 보이고 임종게를 읊고 나서 시적하였습니다. 세수 75세이고, 시호는 보각선사(普覺禪師)입니다.

종고는 사람을 접득하는 것에 있어 매우 엄격하고 가혹하여 쉽게 학인의 견처(見處)를 긍정하지 않았고, 간화선으로 좌선의 정문(正門)을 삼아 묵조선을 공격하였습니다. 곧 화두는 사자(師資)의 기연을 보여주는 좋은 자료이기 때문에 학인이 선의 깊은 경지에 들어가는 실마리라는 것은 분명하지만, 이것이 일반에 유통되게 되면 한 칙씩 그것을 투과하는데 관심이 모아져 마침내 일초직입(一超直入)의 선지(禪旨)는 완전히 사라져버리고 맙니다.

대혜는 심성을 나누어 성(性)을 심(心)의 본체로 삼고 심(心)을 성(性)의 작용으로 정하여, 오(悟)는 심(心)을 멸하고 성(性)에 철(徹)하는 것이라 하였지만 이러한 추상적인 분석은 신심일여(身心一如)·성상불이(性相不二)의 입장으로부터 당연히 부정되어 있습니다. 또한 주자(朱子)는 『대혜서(大慧書)』를 깊이 애독했다고 합니다. 선의 교세는 여전히 교계를 풍미하였지만 제교융합(諸敎融合)의 풍조가 점차 나타나 선문 독자적인 성격이 상실되기 시작한 것도 부정할 수 없는 사실입니다.

이것을 요약해 보면 선의 전개 시대에 해당하는 송대 선의 특징은 다음과 같습니다.

① 당시 가장 우세했던 임제종으로부터 혜남이 나와

서 황룡파를 세우고, 방회가 나와 양기파를 주창하였습니다. ② 조동종에 굉지가 있어 묵조선풍을 고취하고, 임제종에 대혜가 있어 간화선풍을 고양하였습니다. ③ 신흥유학인 송학발흥(宋學勃興)의 기운을 재촉하고, 또한 성리학에 철학적인 근거를 부여하였습니다. ④ 제교융합(諸敎融合)의 풍조로부터 이후 시대에는 삼교일치(三敎一致)·제교융합(敎線融合)·선정상관(禪淨相關)의 경향을 초래하여 점차적으로 선종의 독특한 기풍(氣風)을 상실하게 되었습니다.

18. 원·명·청대의 선종

질문 : 선종의 융합시대로 분류되는 원·명·청대의 선풍에 대하여 말씀해 주십시오.

답변 : 원(元)이 중국 전토를 평정함으로써 명대를 거쳐 청(淸)의 건륭(乾隆)에 이르기까지 무릇 450년 동안은 선종의 융합시대입니다. 원은 모든 종교에 대하여 자유로운 포교를 허용하였는데, 특히 라마교(喇嘛敎)를 보호했기 때문에 종래의 불교는 일변(一變)되지 않을 수 없었습니다. 그러나 선종은 왕정(王廷)과 밀접한 관계를 지니고 있어서 여전히 세력을 유지하고 있었습니다. 그것은 원초(元初)에 크게 활동했던 해운인간(海雲

印簡: 1202-1257)과 깊은 관계가 있는 자총(子聰) 곧 유병충(劉秉忠: 1216-1274)이 야율초재(耶律楚材: 1190-1244)와 함께 세조(忽必烈)의 왕업을 도와 불교의 융성에도 힘을 기울였기 때문입니다. 인간(印簡)은 오조법연(五祖法演)의 제6세의 법손들 가운데 화장(和璋)의 제자로서 태종 이하 네 황제를 섬기면서 사례(師禮)의 예우를 받았는데, 특히 세조에게 계를 주고 천하의 불교를 장악하였습니다.

만송행수(萬松行秀: 1166-1246)는 금(金)으로부터 원초(元初)에 활약한 스님으로 진망불이(眞妄不二)·사리쌍조(事理雙照)의 묘제(妙諦)를 담론하고 조동의 문풍(門風)을 거양하였습니다. 원대의 선은 주로 호구소륭(虎丘紹隆) 이후 파암조선(破庵祖先)의 제자 무준사범(無準師範)의 계통이 번영하였고, 전대(前代)를 이어 제교융합·선정쌍수의 풍조가 의연히 시대를 지배하였습니다. 사범(師範)의 제자인 설암조흠(雪巖祖欽: 1287 시적)은 유불일치(儒佛一致)를 주장하였고, 그의 제자 고봉원묘(高峰原妙: 1238-1295)는 지율(持律)이 지극히 견고하였고, 그의 제자 천목중봉(天目中峰: 1263-1320)은 식견이 고매하고 즐겨 고인의 화두를 활용하였지만 귀착하는 바는 유불조화(儒佛調和)·교선일치(敎禪一致)·선정습합(禪淨習合)에 있었습니다. 중봉의 법사(法嗣) 천여유칙(天如惟則)도 또한 제교(諸敎)를 배우고 정토에 마음을 기울였는데, 중봉에게는 『

회정토시(懷淨土詩)』·유칙에게는 『정토혹문(淨土或問)
』의 저술이 있습니다. 대혜로부터 4대 법손인 원수행단
(元叟行端: 1255-1341)은 중봉과 시기를 같이 하여
경산(徑山)에서 종고의 활선(活禪)을 진작시키고 언설
과 행위가 모두 건실하여 임제의 고풍(古風)을 흥성시
켰습니다.

그러나 그의 제자 초석범기(楚石梵琦)는 화엄원융의
이치를 존중하여 교선일치를 설하고 『서제정토시(西齊
淨土詩)』를 조술하여 정업(淨業)을 희구하였습니다. 석
실청공(石室淸珙)도 원대 선장(禪匠)의 한 사람으로서
「선여산거(禪余山居)」라는 노래를 지어 진사(塵事)를
싫어하고, 명리를 버리며, 지계가 견고하고, 학도(學道)
가 세밀(細密)하며, 산방(山房)에 머물면서 세상에 좀
처럼 나아가지 않았습니다.

원대의 한인에 대한 압박정책에 고심해 온 한민족은
그 재정의 기강이 문란한 틈을 타 반기를 들고 각 지역
에서 봉기하였는데, 지정 12년(1352)에 곽자흥(郭子
興)이 병사를 일으키자 사천(泗川) 황각사(皇覺寺)의
승려 주원장(朱元璋)이 이에 가세하여 큰 공을 세웠습
니다. 곽자흥이 죽은 후 주원장은 뒤를 이어 천하를 통
일하고 1368년에 국호를 고쳐 명(明)이라 하였습니다.
주원장(朱元璋; 1328-1398) 곧 태조는 본래는 선승으
로서 재상인 송렴(宋濂)과 함께 불교를 깊이 신봉하였
으므로 역대로 이를 모방하여 불교보호에 힘을 다하였

습니다.

불교 가운데 가장 치성한 것은 의연히 선종이었고, 천태·화엄·정토의 각 종파가 그 다음으로 흥성하였습니다. 그러면서도 명대의 불교는 송·원 이후의 풍조인 제교융합의 경향이 뚜렷하여 순수한 한 종파의 독립만 앙양된 적은 거의 없었습니다. 태종 이후 염불을 화두로 삼는 경향이 나타나 그것이 일대의 풍조를 형성하기에 이르렀다. 이러한 염불화두는 진헐청료로부터 시작되었지만, 이것을 일반화시킨 것은 무준사범으로부터 제7대의 법손에 해당하는 초산소기(楚山紹琦: 1404 – 1473)로서 그의 법사가 128명에 달했다고 합니다.

왕양명(王陽明: 1472-1528)은 선을 교묘하게 섭취하여 유학을 혁신하여 명대철학을 대성하였는데, 그의 제자들 또한 선을 활용하여 도리어 자신의 유학을 번거롭게 만들어버린 듯한 느낌이 듭니다. 만송행수의 계통에 무명혜경(無明慧經: 1548-1618)이 있어서 조계의 부흥에 힘썼으며, 법주도제(法舟道濟)의 제자인 운곡법회(雲谷法會: 1501-1575)가 나와 임제의 문풍을 거양하였습니다. 그러면서 명말의 불교에서 주목되는 인물은 운서주굉(雲棲袾宏)·자백진가(紫柏眞可)·감산덕청(憨山德淸)·우익지욱(藕益智旭) 등입니다. 이 가운데 운서주굉(1535-1615)은 화엄의 대가인 변융(弁融)과 선장인 덕보(德寶)한테 교학을 배웠고, 이어서 제방을 유행하면서 마침내 항주 운서의 산곡에 들어가 운서

사를 부흥시켰으며, 그 도예(道譽)가 일세를 풍미하여
도속의 문제(門弟)가 1000여 명에 이르렀다. 그는 저술
을 많이 남겼는데『능엄경』·『아미타경』·『유교경』·『
범망경』에 주석을 달고, 정토·선·율에 관계되는 것과
나아가서 수필과 잡록 등에 이르기까지 32종이 현존합
니다.

그의 저술에 나타나 있듯이 운서의 사상은 모두가 불
교를 통일하고 제종을 융합하는 데 있습니다. 또한 세
조(世祖 順治帝)·성조(聖祖 康熙帝)·세종(世宗 雍正
帝)·고종(高祖 乾隆帝)의 4대에 걸친 불교는 국운의
융창과 병행하여 청대불교의 황금시대라 할 수 있습니
다. 세종은 라마를 존숭하여 종래의 풍습을 고치고, 선
에 마음을 기울였으며, 성조(聖祖)는 문화방면에 진력
하면서도 불교를 보호하여 각 지역의 당우(堂宇)를 수
축(修築)하였습니다.

세종은 젊어서 불교연구에 뜻을 두고 대각(大覺)의
가릉성음(迦陵性音)에게 참하였으며, 나아가서 라마승
장가(章嘉)에게 법을 구하여 깨침을 얻고 스스로 원명
거사(圓明居士)라고 하였습니다. 옹정 11년(1733)에는
내정(內廷)에서 왕을 비롯하여 대신 등 8명에게 인가를
주었으며, 또한 선장들을 조를 이루어 논의를 벌였습니
다.『어선어록(御選語錄)』19권은 황제의 사상과 신앙
을 엿볼 수 있는 좋은 자료입니다. 옹정제는 운서주굉
을 중요시하여 선정일치(禪淨一致)의 입장을 채용하고,

나아가서 오가칠종(五家七宗)의 통일을 설하였으며, 유·불·도 삼교의 조화를 도모하였습니다.

고종은 대장경의 출판에 있어서 문화사적인 공훈을 후세에 남겼지만, 불교에 대하여 보호하려는 열의는 결여되어 도리어 불교를 멀리하는 방침을 취하였습니다. 그 당시부터 불교는 대체적으로 출가자의 손에서 재가거사의 손으로 옮겨가는 경향이 나타났습니다. 배불적인 유자(儒者)의 상주(上奏)에 더하여 1833년 이래의 장발적(長髮賊)의 난(亂)은 극단적인 파불이었기 때문에 불교는 크게 타격을 입었지만, 청말의 양문회(楊文會) 곧 양인산거사(楊仁山居士: 1837-1911)는 홍수전(洪秀全: 1814-1864)의 파불사건 이후에 열렬한 호법가로서 중국불교 부흥에 대한 단서를 열었습니다.

<한국편>

1. 선법의 전래

질문 : 한국선법의 최초 전래에 대하여 말씀해 주십시오.

답변 : 해동의 선법은 중국선종의 제4조 대의도신의 제자였던 법랑(法朗)으로부터 시작되어 도의(道義)가 이를 계승하였습니다. 홍척(洪陟)은 도의와 때를 같이 하여 서당지장(西堂智藏)의 문풍을 제창(提唱)하였는데, 도의는 가지산의 조사이고, 홍척은 실상산의 조사입니다. 혜소(慧昭)는 마조도일(馬祖道一) 문하의 선법을 전래하였고, 혜철(惠哲)은 동리산(桐裏山)의 조사로서 특히 문성왕(文聖王)의 예우를 받았습니다. 무염(無染)은 「무설토론(無舌土論)」을 제창하고, 범일은 교외별전의 선지를 보였으며, 지선(智詵)은 대의도신의 법통을 계승하여 경문왕(景文王)의 존숭을 받았습니다.

순지(順之)는 위앙종(潙仰宗)의 종지를 이어 원상(圓相)의 묘지(妙旨)를 현창하였고, 행적(行寂)은 따로 청원계통의 석상경제(石霜慶諸)의 선법을 전하였습니다. 이 선법의 전래로 인하여 신라의 사상적인 변화를 초래하였습니다. 첫째는 당시 왕실을 중심으로 한 종래의 전통적인 권위주의의 교학중심의 불교가 부정됨으로써 선과 교의 대립적인 갈등을 초래하였습니다. 둘째는 중국에서와 마찬가지로 신라의 선종은 중앙에서 멀리 떨어진 심산유곡의 지방산사를 중심으로 자급자족의 경제를 지향하면서 일체의 형식과 권위를 탈피하고 실천수도의 선문을 개창하는 등 종래의 교학불교에서는 볼 수 없는 산악형 불교로서 신라불교에 새로운 방향을 제시하였습니다.

2. 구산선문

질문 : 한국에서 처음으로 형성된 산문에 대하여 말씀해 주십시오.

답변 : 신라 말기부터 고려 초기에 걸쳐서 중국의 조사선법을 전승해 온 일군의 무리들이 있었는데, 이들은 대부분 해동에서 일찍이 화엄경 등 교학을 공부한 뒤에 마음을 깨치기 위한 선법이 있음을 알고 몸소 멀리 중국에까지 유학하여 직접 선법을 체험하고 돌아왔습니다. 이와 같은 선법의 일군을 구산선문(九山禪門)이라는 말로 부르기도 합니다. 그러나 구산선문에는 속하지 않는 다수의 선법이 있음도 간과해서는 안 되는데, 특히 남종선법 만이 아니라 북종선법까지도 부분적으로 도입되고 있습니다. 구산선문은 홍척 – 수철의 실상산

문, 도의 - 염거 - 보조의 가지산문, 혜철 - □여(如) - 윤다의 동리산문, 무염의 성주산문, 범일 - 절중의 사굴산문, 현욱 - 심희의 봉림산문, 지선 - 양부의 희양산문, 도윤의 사자산문, 이엄의 수미산문 등입니다.

이 밖에도 많은 선사들이 선사상을 직접 수용해 왔지만, 소위 구산산문에는 속하지 않는 다수의 선법이 존재했습니다. 곧 쌍계사의 혜소, 낭공행적의 조동선법, 요오순지의 위앙선법 등입니다.

3. 고려시대의 선법

질문 : 고려초기에 중국의 선종오가의 선법이 수입된 상황에 대하여 말씀해 주십시오.

답변 : 신라말기에는 주로 마조계통의 선법이 전래되었는데, 이 무렵에 전래된 선법은 아직 중국의 선종에서 오가가 형성되기 이전의 것이었습니다. 그러나 고려초기에는 오가가 형성된 이후로 특히 조동종 계통의 선법이 전래되었는데, 그 가운데 운거도응의 문하에서 소위 해동의 사무외대사(四無畏大士)로 일컬어지는 이엄(利嚴)·여엄(麗嚴)·경유(慶猷)·형미(逈微)가 있었고, 석상경제의 계통을 전한 낭공행적은 후에 굴산산문의 법통을 계승하였습니다. 이 밖에도 석상의 제자 구

봉도건(九峰道虔)의 문하에 신라의 국청(國淸)이 있고, 운개지원의 문하에 신라의 와룡(臥龍)이 있으며, 곡산 장(谷山藏)의 문하에 신라의 서암(瑞巖)·백암(栢岩)· 대령(大領)이 있었고, 동산양개의 문하에 신라의 김장 (金藏), 운거도응의 문하에는 경보가, 석상경제의 문하 에는 긍양이 계승하여 각각 선법을 전하였습니다.

이처럼 조동종의 선법이 전래된 이후에는 주로 법안 종의 선법이 전래되었는데, 특히 법안문익 - 천태덕소 - 영명연수로 이어지는 법안종의 가르침은 광종의 격 려로 말미암아 크게 고무되었습니다. 광종대에 영명연 수 휘하에서 36인의 고려승이 유학하면서 법안선풍을 전하였는데, 도봉영소(道峰靈炤)·원공지종(圓空智宗)· 도봉혜거(道峰慧炬)·적연영준(寂然英俊)·진관석초 (眞觀釋超) 등이 유명합니다. 아울러 고달원(高達院)· 희양원(曦陽院)·도봉원(道峰院)의 3원제도가 성립되었 습니다. 법안종의 전래 이후에는 설봉문하의 운문종의 선법이 전래되었는데, 항주 용화사의 진각대사(眞覺大 師) 영조(靈照), 천주 복청원의 현눌선사(玄訥禪師) 등 이 유명하였습니다. 만항혜감(萬恒慧鑑; 1249-1319)의 임제선법의 도입 등이 있었는데, 원응국사(圓應國師) 학일(學一: 1051-1114)은 가지산문을 중흥시켰고, 담 진국사 혜조는 사굴산문을 중흥시켰습니다. 이로써 고 려초기에는 중국의 오가의 선법이 모두 전래되었는데, 이보다 약간 후에 기존의 불교사상에 대한 개혁의 일환으로 도입된 간화선법은 보조와 혜심을 거쳐 고려시대의 선법으로 다시 보완되어 자리매김을 하게 되었습니다.

한편 고려 중기에는 거사들을 중심으로 한 소위 거사선(居士禪)이 흥기하였는데, 곧 이오(李顥: 1050-1110)는 『금강경』을 좋아하여 금강거사(金剛居士)라 자호(自號)하였습니다. 윤언이(尹彦頤: 1090-1149)는 재상을 역임하기도 하였는데, 만년에 관직에서 물러난 후에는 영평군(鈴平郡) 금강재(金剛齋)에 살면서 스스로 금강거사(金剛居士)라 하였습니다. 이자현(李資玄: 1061-1125)은 일찍이 벼슬을 버리고 청평산(淸平山) 문수원(文殊院)에 은거하였는데, 그는 은거 이후에 참선과 담론 생활로 일관하여, 홀로 앉아 밤이 깊도록 자지 않거나, 견성암에서 7일 동안 입정(入定)할 정도로 참선에 몰두하였습니다. 그런데 이자현이 참선 수행을 하고 선지에 대한 담론을 할 수 있는 사상적 기반으로서 특히 『능엄경』을 중시하였습니다. 이자현은 문수원을 중수한 후에 다시 그 인근에 10여 개소의 암자, 불당, 정자 등을 건립하였는데, 그 당호 가운데 특히 문성(聞性)과 견성(見性)은 『능엄경』의 사상적 경향을 잘 드러내고 있습니다.

『능엄경』에서는 수행의 방법으로 25원통(圓通)을 제시하는데, 이중 관음보살이 수행한 이근원통(耳根圓通)이 가장 뛰어난 것으로 제시되어 있습니다. 이 이근원통은 반문문성(反聞聞性) 곧 듣는 자신의 성품을 다시 돌이켜 관찰하는 것으로 귀결됩니다. 희양산문의 원진국사(圓眞國師) 승형(承迥: 1187-1221)은 이자현의 사상적 영향을 받아 『능엄경』을 중시하였으며, 이를 선문에 널리 유포시키기도 하였습니다. 이자현은 『설봉어록』을 통해 선적인 깨침을 얻게 되었고, 또한 『송고백칙』을 저술한 운문종의 설두중현(雪竇重顯)의 영향을 받았습니다.

4. 보조지눌의 선사상

질문 : 한국선법의 본격적인 시작을 열었던 보조지눌의 선법에 대하여 말씀해 주십시오.

답변 : 보조지눌(普照知訥: 1158-1210)의 선맥은 이후 16국사의 출현으로 이어졌는데, 보조국사 지눌 - 진각국사 혜심(1178-1234) - 청진국사 몽여(? - 1252) - 진명국사 혼원(1190-1271) - 원오국사 천영(1215-1268) - 원감국사 충지(1216-1293) - 자정국사 묘광 - 자각국사 도영 - 담당국사 - 혜감국사 만항(1248-1319) - 자원국사 - 혜각국사 도영 - 각진국사 복구(1270-1356) - 정혜국사 복암 - 홍진국사 - 고봉화상 법장(1351-1428) 등이 그것입니다.

지눌은 전남 청원사(淸源寺)에서 『육조단경』을 읽었고, 경북 보문사(普門寺)에서 이통현(李通玄)의 『신화엄경론』을 열람하였으며, 지리산 상무주암(上無住庵)에서 『대혜어록』을 읽고 오도하였습니다. 팔공산 거조암에서는 정혜결사를 시작하여 조계산 길상사에서 돈오점수(頓悟漸修)와 정혜쌍수(定慧雙修)를 주장하였습니다. 여기에서 선(禪)으로 체(體)를 삼고, 교(敎)로 용(用)을 삼아 선교의 합일점 모색하였는데, 지눌은 『금강경』으로 법을 세우고, 『육조단경』으로 뜻을 부연하며, 이통현의 『화엄론』과 『대혜어록』으로 양 날개를 삼아 성적등지문(惺寂等持門)·원돈신해문(圓頓信解門)·간화경절문(看話徑截門)의 삼종문으로 제접하여 조계선의 선양에 노력하였습니다. 특히 『간화결의론』으로써 간화선을 주장하였습니다.

지눌의 3종문 체계는 다음과 같습니다.

① 성적등지문은 정혜쌍수의 실천으로서 「정혜결사문(定慧結社文)」에 잘 나타나 있는데, 이 말은 영가대사의 언구에서 유래되었습니다.

자성문정혜(自性門定慧)는 본래심속에서 무란무치(無亂無癡)를 추구하는 정혜로서 물락공용(不落功用)과 원자무위(元自無爲)를 자성문이라 하고, 불리본적본여(不離本寂本知) 임운쌍수(任運雙修)를 자성문정혜라 합니다. 수상문정혜(隨相門定慧)는 산란은 정(定)으로 다스리고, 혼침은 혜(慧)로 다스리는 것으로서 칭리섭산(稱

理攝散)・ 택법관공(擇法觀空)・ 균조개란(均調皆亂)하
여 자성정혜에 도달하는 것입니다.

② 원돈신해문은 『신화엄경론』을 통해 정립되었습니
다.

③ 간화경절문은 간화선의 수용을 통하여 이루어졌는
데『간화결의론』은 그 결과에 해당합니다.

5. 천책과 『선문보장록』

질문 : 선교차별을 주장했던 천책의 사상에 대하여 말씀
해 주십시오.

답변 : 진정천책(眞靜天頙: 1206-?)이 편록한 것으
로 선교의 입장을 선으로 회통하려는 입장입니다. 이와
같은 전통은 한국선종사를 통하여 면면히 계승되어 보
조와 태고와 서산으로 이어지는데, 특히 한국적인 전등
법계를 강하게 의식한 바탕에서 깨침보다는 전심(傳心)
에 중요시되었습니다. 『선문보장록(禪門寶藏錄)』은 3권
의 구성으로 86칙에 이르는데, 32종의 인용문헌 가운데
현존하는 것은 10종뿐입니다. 특히 『선문보장록』에서는
선교의 차별에 대한 사상이 농후하게 드러나 있습니다.
또한 『선문강요집(禪門綱要集)』을 저술하여 선종오가
가운데 임제종과 운문종의 선리에 대하여 논의를 펼쳤

습니다. 이것은 조선시대 후기에 전개된 선리논쟁의 발
단이 되었습니다.

6. 일연과 『중편조동오위』

질문 : 일연선사는 조동종과 관련된 저술을 남겼는데 그
『중편조동오위』에 대하여 말씀해 주십시오.

답변 : 조동오위는 조동종파에서 설하고 있는 오위라
는 의미입니다. 조동오위는 조동종의 가장 기본적이고
중요한 교의 가운데 하나로서 수행인이 닦아가는 수행
의 위상을 정과 편을 가지고 다섯 측면으로 나타낸 것
인데, 달리 정편오위 혹은 편정오위라고도 합니다. 더욱
엄밀하게 말하자면 오위(五位)에도 사종오위(四種五位)
가 있는데, 곧 동산양개의 공훈오위(功勳五位)·편정오
위(偏正五位), 조산본적의 군신오위(君臣五位), 석상경
제의 왕자오위(王子五位) 등입니다. 그러나 공훈오위·
군신오위·왕자오위 등은 동산의 편정오위의 형식에 기
초하여 나온 것들입니다. 이 정편오위설은 동산양개의
창설로 공인되어 있지만 이에 대하여 전혀 이의가 없었
던 것은 아닙니다. 그러나 정편오위의 모체는 동산양개
의 『오위현결』 1편과 『정편오위송』 5수가 기본을 이루
고 있기 때문에 동산으로부터 비롯되었습니다.

인각일연(麟角一然: 1206-1289)은 『삼국유사(三國
遺事)』 이외에도 선종의 문헌에 속하는 『중편조동오위
(重編曹洞宗位)』를 편찬하였습니다. 일연이 『중편조동
오위』를 편찬한 이유는 조동오위의 원류를 동산양개로
정하고 축위송(逐位頌)의 작자를 조산본적으로 확정하
며 제4위의 명칭을 편중지(偏中至)로 삼아 정통오위를
계승하는 것이었습니다.

7. 고려 후기의 선법

질문 : 고려 후기 선종계의 동향에 대하여 말씀해 주
십시오.

답변 : 태고보우의 법계는 임제의현 − 흥화존장 −
남원혜옹 − 풍혈연소 − 수산성념 − 분양선소 − 자명
초원 − 양기방회 − 백운수단 − 오조법연 − 원오극근
− 호구소륭 − 천동담화 − 천동함걸 − 파암조선 − 경
산사범 − 설암조흠 − 급암종신 − 석옥청공 - 태고보
우(太古普愚: 1301-1382)로서 임제종의 선풍을 계승
하였습니다. 곧 중국 임제의 정통을 전하여 한국선종사
의 법맥을 형성하였는데, 특히 원융부(圓融府)를 통하
여 선문은 본래 그 근원이 하나라고 생각하여 소위 9산
문을 통합하려는 노력을 기울였습니다. 당시 화엄종의

신돈과 태고의 선종 사이의 갈등에서 결국 선종이 대세를 형성하였습니다.

나옹혜근의 법계는 ··· 급암종신 – 평산처림 – 나옹혜근(懶翁慧勤: 1320-1377)입니다. 또한 인도의 승 지공의 사법제자로서 몽산덕이의 사법제자이기도 합니다. 혜근은 당문구(當門句)와 입문구(入門句)와 문내구(門內句)의 입문삼구(入門三句)와 삼전어(三轉語)와 공부십절목(工夫十節目)을 제시하였습니다.

백운경한(白雲景閑: 1298-1374)의 법계는 ··· 급암종신 – 평산처림 – 백운경한(1299-1375)입니다. 조사선의 가풍을 색(色)과 성(聲)과 언어(言語)에 즉하여 불리색추(不離色麤) 불리성구(不離聲句) 불리언어(不離言語)의 선기를 추구하였습니다. 또한 교에 대하여 선의 우위를 강조하였는데, 특히 『백운화상초록불조직지심체요절(白雲和尙抄錄佛祖直指心體要節)』·『백운화상어록』을 통하여 선의 전등법계와 그의 무심선(無心禪)을 엿볼 수가 있습니다.

8. 조선 전기시대의 선법

질문 : 조선 전기의 선종계에 대하여 말씀해 주십시오.

답변 : 조선의 태조는 무학자초(無學自超: 1327-

1403)를 숭신하고 고려대를 계승하여 불사를 펼쳐 나 갔습니다. 그러나 정치적인 한계에서 이루어진 것이라서 곧 태종대에는 배불의 단행으로 크게 위축되고 말았습니다. 세종도 또한 불교의 7종을 합하여 선교양종으로 종단정리를 하였고 그 세력을 축소하여 배불정책은 지속되었습니다.

그 와중에서도 함허득통(涵虛得通: 1376-1433)은 불교를 부흥시키고자 선과 정토를 내세워 항거하였고, 중생과 부처가 다르지 않다는 생불일여(生佛一如) 및 몸과 마음이 다르지 않다는 신심불이(身心不二)를 주장하기도 하였으며, 유생들의 배불에 대한 사론(邪論)을 파하고 불교의 정의를 드러내고자 『현정론(顯正論)』을 찬술하기도 하였지만, 이내 꺾이고 말았습니다. 세조는 왕위에 오른 다음 불사를 부흥시키고 불전을 간행하였으며, 원각사를 창건하고 수미(守眉)를 내세워 일시적으로 불교를 재흥시키려 하였으나, 그것도 당대에 그치고 말았습니다.

이후 성종과 연산군과 중종을 거치면서 사찰은 기방으로 변하였고 헐리었으며 불상은 녹여 무기를 만들기도 하였습니다. 이와 같이 불교의 명맥이 끊길 위기에 벽송지엄(碧松智嚴: 1464-1534)은 고봉원묘(高峰元妙: 1238-1295)과 대혜종고(大慧宗杲: 1089-1163) 등의 선풍을 고취시키면서 선·교(禪·敎)를 쌍수하였습니다. 이러한 즈음 명종대에 문정왕후가 등장하여 이미 실추

된 불교를 재흥시키고자 보우(普雨)를 등용하여 팔도의 선·교를 맡겨 고목에 꽃이 피는 듯하였습니다. 그러나 문정왕후의 죽음으로 다시 유생들에게 짓밟혔는데, 이 때 경성일선(敬聖一禪: 1488-1568)과 부용영관(芙蓉靈觀: 1485-1571)이 선·교를 진작하려 노력하였으나 이것마저도 물거품이 되고 말았습니다.

9. 조선 중기시대의 선법

질문 : 청허휴정의 선풍에 대하여 말씀해 주십시오.

답변 : 임진왜란을 계기로 등장한 청허휴정은 조선시대 선풍을 새롭게 진작시키는 감로와 같은 존재였습니다. 청허휴정(淸虛休靜: 1520-1604)은 『선교결(禪敎訣)』과 『선교석(禪敎釋)』 및 『심법요초(心法要抄)』 등을 통하여 선교통합과 선교일치를 주장하였고, 정토사상과 염불을 강조하는가 하면, 『선가귀감(禪家龜鑑)』을 저술하여 교외별전의 선풍을 고취시켰습니다. 청허의 선은 송운유정(宋雲惟政: 1544-1610)과 편양언기(鞭羊彥機: 1581-1644) 등이 등장하여 청허의 선풍을 계승하고 참선과 염불을 동일시하기도 하였습니다.

이후 근근이 소요태능(逍遙太能: 1562-1649)과 중관해안 (中觀海眼: 1567-?) 및 정관일선(靜觀一禪:

1533- 1608)을 통하여 계승되어갔는데, 광해군 시대에는 부휴선수(浮休善修: 1543-1615)가 부용영관의 제자로서 선풍을 진작하였고, 그 문하에 벽암각성(碧巖覺性: 1575-1660)이 배출되었습니다. 현종대에는 출가를 금지하고 승려의 도성출입이 금지되자 백곡처능(白谷處能: 1617-1680)이 나타나 이에 항거하였고, 숙종대에는 벽암각성과 취미수초(翠微守初: 1590-1668)가 문호를 넓히고 선교를 융합하여 선정일치의 종풍을 진작하였습니다.

한편 백암성총(栢菴性聰)은 많은 경전을 간행하고 선·정(禪·淨)을 쌍수하였으며, 월담설제(月潭雪齊: 1632-1704)의 문하에 환성지안(喚醒志安: 1664-1729)은 선문의 『선문오종강요(禪門五宗綱要)』를 찬술하여 선리를 널리 드러냈습니다. 또한 월저도안(月渚道安)의 문하인 사암채영(獅巖采永)은 『해동불조원류(海東佛祖源流)』를 저술하여 사라져 가는 법계의 본말을 밝혔습니다.

묵암최눌(黙菴最訥: 1722-1795)은 유석일규(儒釋一揆)를 주장하여 유생들의 배불의 잘못을 지적하기도 하였는데, 특히 선이란 개개인의 마음이 무란무치(無亂無痴)하고 적적낭랑(寂寂朗朗)한 일단의 자성광명(自性光明)이라 하여 사서삼경에서 말하는 내용의 특징과 다른 것이 아님을 밝히고 있습니다. 연담유일(蓮潭有一: 1720-1799)은 『임하록(林下錄)』에서 일심(一心)에 대하여 '성인이나 범부나 짐승의 일심은 한결같이 허철영명(虛徹靈明)하고 탁연독존(卓然獨尊)하여 불생불멸하고 예나 지금이나 허공처럼 존재하지 않는 곳이 없으며 시간적으로도 단절된 적이 없다.'고 하였습니다. 이것은 『기신론』의 일심을 말한 것으로서 절대유심(絕對唯心)을 주장하였고, 객관적인 지옥과 극락이 존재한다는 것을 증명하려 하였습니다. 유일은 참선의 공부는 심경을 불식하여 순일무잡하게 하는 것에 있다고 하였으며, 나아가서 노장사상까지도 끌여들여 선을 제접하였습니다.

10. 조선 후기의 선리 논쟁

질문 : 조선후기의 선리논쟁에 대하여 말씀해 주십시오.

답변 : 조선후기 백파긍선(白坡亘璇: 1767-1852)은 12세에 선운사에서 시헌(詩憲)에게서 득도하고 평안북도 초산(楚山) 용문암(龍聞庵)에서 심지를 열었으며, 지리산 영원사에서 설파상언(雪坡尙彦)에게서 조사서래의(祖師西來意)를 깨닫고 남원의 구암사(龜巖寺)에 돌아가 설봉(雪峰)의 법통을 잇고, 청도 운문암에서 개당하여 선법을 크게 중흥하였습니다. 긍선(亘璇)은 선과 율과 화엄에도 달통하여 『수선결사문(修禪結社文)』·『선문수경(禪文手鏡)』·『육조대사법보단경요해(六祖大師

法寶壇經要解)』·『선문오종강요사기(禪門五宗綱要私記)』·『선문염송사기(禪門拈頌私記)』·『고봉선요사기(高峰禪要私記)』·『금강팔해경(金剛八解鏡)』·『구암집(龜巖集)』등 많은 저술을 남겼습니다. 돈오자성(頓悟自性)과 염불선을 강조하기도 했습니다. 또한『선문수경』에서는 임제의 삼구(三句)에 대한 해석을 가하였는데, 이에 대하여 초의의순(草衣意恂)은 반박의 견해를 피력하여 이들 사이에 벌어진 선리에 대한 논쟁은 이후에도 지속되었습니다.

초의의순(草衣意恂: 1786-1866)은 『선문사변만어(禪門四辨漫語)』라는 저술이 있는데, 이것은 일찍이 목부산(木浮山)의 육은선사(六隱禪師 곧 白坡亘璇)의 법손을 만나 육은의 선론을 듣고서 육은의 『선문수경』과 오종의 강요에 처음으로 반박하는 내용으로 이루어져 있습니다. 한편 백파의 제자 한성침명(翰醒枕溟: 1901-1876)은 스승의 뜻을 잘 이어갔으나, 한성침명의 제자인 우담홍기(優曇洪基: 1822-1881)는 『소쇄선정록(掃灑先庭錄)』(후에 『선문증정록(禪門證正錄)』이라 개칭됨)을 저술하여 초의와 다른 입장에서 자기의 조부(祖父)에 해당하는 백파의 견해를 반박하였습니다. 이러한 상황에서 다시 백파의 견해를 옹호하는 입장으로 설두유형(雪竇有炯: 1824-1881)은 『선원소류(禪源溯流)』를 통해서 특히 『선문사변만어』와 『선문증정록』에 대항하여 백파가 주장한 향상일구(向上一窺)를 찾아 그 본원(本源)을 파악해야 한다고 주장하였습니다. 또한 설두유형에게서 공부했던 축원진하(竺源震河: 1861 -1926)는 이전의 선리의 논쟁이 본의를 벗어났다고 보고 『선문재정록(禪文再正錄)』을 저술하여 여래선과 조사선에 대한 논의를 펼쳤습니다.[4]

　이러한 즈음에 연담유일의 제5세에 해당하는 범해각안(梵海覺岸)은 초의의순의 영향을 많이 받았는데, 사기(私記)와 문집(文集)과 열전(列傳) 등의 많은 저술을 통하여 그의 사상을 정립하였습니다. 특히 염불과 참선을 대세지와 관음의 두 보살에 배대하여 설명하였고, 삼교일치를 주장하였습니다.

---

4) 조선후기 선의 논쟁의 직접적인 발단은 白坡亘璇의 제자가 草衣意恂에게 백파의 선리를 소개하면서, 그에 대한 초의의 비판으로부터 시작된다. 초의는 백파의 선리에 대하여 『禪門四辨漫語』를 저술하여 백파의 견해를 여덟 가지에 대하여 비판한다. 다시 優曇洪基는 『禪門證正錄』을 저술하여 초의와 다른 관점에서 백파의 견해를 비판한다. 이에 다시 雪竇有炯은 『禪源溯流』를 통하여 백파의 입장을 옹호하고, 초의와 우담의 견해에 반박을 가한다. 다시 竺源震河는 『禪文再正錄』을 저술하여 기존에 출현한 四家의 입장을 수렴한다. 이처럼 끝내 결말을 보지는 못하였지만 조선후기 선종계에 신선한 바람을 불러일으켰다.

제2장 선어록과 그 성격

1. 어록의 출현과 찬술경전

1) 어록의 정의

어록은 선자(禪者)의 일상적인 구어체의 설법을 제자 혹은 제삼자가 기록한 것이다. 그 때문에 저술과 같은 일정한 목적 내지 의도가 구체적으로 나타나 있지는 않지만, 불특정의 많은 사람들 내지 직접 법문을 듣는 제자들을 교화하려는 의도가 다분히 깔려 있다. 적어도 법문을 하는 선자 자신의 의도는 물론이고, 그 밖에 선자 자신의 의도가 아닐지라도 법문을 기록한 당사자는 스승의 말씀을 오랫동안 남겨서 두고두고 가르침으로 삼으려는 목적이 개입되어 있다. 또한 많은 문중이 형성되는 과정에서 각자의 문중에 대한 홍보 내지 스승에 대한 권위를 드러내려는 목적도 아울러 포함되어 있다.

그 때문에 선종에서 말하는 어록이란 조사들의 설법과 스승의 질문에 대하여 제자가 답변하고 응수한 내용을 다른 제자가 수문(隨聞)하고 수록(隋錄)한 것으로, 특수하게 성립된 선의 수문기(隨聞記)와 같은 문헌을 가리킨다. 여기에는 서로 주목되는 두 가지 점이 있다. 말하자면 허락된 특정 제자의 필록, 더욱이 그 내용은 수문 및 수록이기 때문에 반드시 애초의 이야기 그대로 수식이나 가감이 없이 기록되어 충실하게 당시의 말을 전한다는 특징을 지니고 있다. 한편으로는 성전의 권위를 유지하면서도 다른 한편으로는 거친 언설까지도 포함하고 있다. 오랜 역사의 풍상을 거치면서 세련되게 다듬어진 성전과 비교해보면 어록은 비교적 새로운 유형의 고전이라고 말할 수가 있다.5)

이와 같은 어록의 특징은 부단한 유동성을 지니고 있다는 점이다. 동시에 구어와 속어를 포함하고 있으면서도 가요와 변문의 텍스트와 다른 점은 항상 성전의 권위를 지니고 있으면서도 해당 인물의 권위화를 도모하지 않고 그때그때마다 새로운 요소를 포함시켜 전개하고 있다는 데에 있다. 그래서 철저하게 개별적인 조사에 대한 면모를 추구함과 더불어 그 성과는 반드시 해당되는 조사 내지 그 말씀을 지지하고 따르는 일련의 문중 내지 대중의 관심에 근거하고 있는 사회활동의 소산이기도 하다. 그 때문에 그러한 운동은 사회이— 교섭 가운데서 스스로 확대되어 간다. 어록이 포함하고 있는 이와 같은 사회교섭과 자체변용이야말로 선종이 발전해가서 더욱 빈번해진 어록의 출현으로 무한하게 양산되어가는 근거가 되었다.

---

5) 柳田聖山, 『語錄の歷史』(『東方學報』 第57冊 拔刷. 1985) p.23.

2) 어록의 출현

어록이란 조사들의 설법과 제자들과 문답 등을 다른 제자가 수시로 듣고 수시로 기록한 것으로서, 처음부터 계획적으로 이루어진 것이 아니다. 그래서 자신이 직접 붓을 들고 저술한 것과는 달리 반드시 조사의 설법을 듣고 기록한 것으로서, 그 제자들에게는 일종의 성전과도 같은 성격을 지니고 있다. 대부분의 경우 조사가 입적한 이후에 성립되었지만, 간혹 제자가 기록한 것에 대하여 조사 자신이 직접 서문을 기록하는 경우도 있는 것을 보면 생전에 이루어진 것도 있다.[6] 따라서 어록은 자신의 의도와는 달리 그것을 기록한 제자들에 따라서 약간의 수정 내지는 보완도 충분히 인정할 수 있다.

불서가 처음에 중국에 들어왔을 때는 경·율·론이라고 말했을 뿐으로 소위 어록이라는 것은 없었다. 달마가 서래하여 스스로 교외별전 직지심인이라 칭하고, 여러 대를 전승한 이후에 그 집단이 나날이 크게 형성되면서 어록이라는 것이 일어났다. 저속하고 거친 말씀을 받들어 보배처럼 간주하고, 부처님의 설법인 경전과 동등하게 취급하여 소중하게 보관하였다. 심지어 어떤 사람은 부처를 꾸짖고 조사를 꾸짖는 데에

---

6) 『宏智禪師廣錄』 卷9, (大正藏48, p.101上-中)에는 굉지가 직접 쓴 자신이 수록되어 있다.

도 거리낌이 없었다. 더욱이 세상에서 부처를 말하는
사람들까지도 도리어 어록을 존숭하고, 교(敎)·율
(律)의 승려보다도 뛰어난 것으로 삼았다.[7]

　그러나 대체적으로 그 성격을 살펴보면 법어(法語)
및 수시로 행해지는 것으로 제자와 문답상량(問答商量)
등을 기록하고 있어서 전체 내용의 요약적인 성격이 강
하기 때문에 어록의 내용을 이해하기 위해서는 어록의
당사자에 대한 생애가 아울러 수반될 필요가 있다. 그
러나 오늘날에 전해지고 있는 어록의 대부분은 특별히
어록 당사자의 일대기를 붙이고 있는 경우가 대단히 드
물다. 그 때문에 어록이 어록으로서 충분히 이해되기
위해서는 어록의 당사자에 대한 법맥(法脈)과 종파(宗
派) 내지는 당시의 사회여건에 대한 이해가 필요하다.
　이러한 선의 문헌이 어록이라는 이름으로 불린 것은
송대에 이르러서였다. 어록이라는 말이 처음 나타난 것
은 『송고승전(宋高僧傳)』(988) 조주종심전(趙州從諗
傳)[8]을 비롯하여 황벽희운전(黃檗希運傳)에도 "그 어록
이 세상에 유행하고 있다."[9]라는 기록이 있다. 또한 이
보다 오래된 『조당집(祖堂集)』(952)에 나오는 행록(行
錄)·행장(行狀)·별록(別錄) 등의 용어가 이와 동일

---

7) 柳田聖山,『語錄の歷史』,(『東方學報』第57冊 拔刷. 1985) p.17.
8)『宋高僧傳』卷11 趙州從諗傳, (大正藏50, p.775下)
9)『宋高僧傳』卷20 黃檗希運傳, (大正藏50, p.842下) "語錄而行于世"

한 의미로 활용되고 있지만, 거기에 딱히 어록이라는
말은 사용하고 있지 않다.

이와 같은 의미에서 어록이라 불리는 것은 『송고승전
』이후에 해당하지만, 그와 같은 특수한 형식과 내용을
지닌 문헌이 실제로 출현한 것은 마조도일(馬祖道一:
708-788) 이후에 해당한다. 본디 그와 같은 특수한 설
법양식을 지닌 상당(上堂)의 법어 및 제자와 대화를 기
록한 문헌이 출현한 것은 이 계통의 사람들에 의한 것
인데, 종래의 불교학의 전통을 벗어나서 직접 민중 가
운데 파고든 것이기 때문에 그들의 주장이 어느새 종래
의 불교문헌의 영역에 멈추지 않고 새로운 내용에 어울
리는 표현 내지 방편이 필요하였다.

마조도일 이후의 선은 경론의 문헌적 연구를 떠나 일
상의 언행에 즉한 것이 되었기 때문에 그러한 기록이
다시 종래의 경론과 같은 역할을 지닌 것으로 대체되었
다. 나아가서 오히려 거꾸로 종래의 경전을 붓다의 어
록으로까지 간주하게 되었다.10) 불립문자(不立文字) 내
지 부즉문자(不卽文字)라는 것은 단순한 경전의 부정이
아니라 교학의 주석적 연구에 대한 방법의 구별을 의미
한다. 이미 달마에게는 자기의 입장을 "교학에 의지하여
종지를 깨친다."11)는 말이 엿보인다. 그것은 붓다의 경

---

10) 가령 『寶林傳』(801)의 편찬자가 그 첫부분에다 『四十二章經』의 全文을
　　수록하고 있는 것은 그러한 경전관의 변천을 보여주고 있다.
11) 『少室六門』, (大正藏48, p.369下)

전을 인간의 언어로서 이해하고 있음을 보여주고 있는 것이다. 『속고승전(續高僧傳)』(645)에 달마의 말씀을 기록한 것은 그러한 사람의 언어를 파악함으로써 그 종지의 내용을 존중하고 있다는 것을 보여준다. 그 까닭은 선인(先人)의 어록을 존중하는 태도는 이론보다는 사실 그 자체를 제일로 간주하기 때문이다.

3) 찬술경전의 쇠퇴

부처님의 말씀을 기록한 것으로서 소위 진경(眞經)이라 불리는 경전은 본래 인도 내지 중앙아시아에서 전래된 것으로 국한된다. 그러나 불교가 전개되면서 그 밖의 지역에서 찬술된 경전도 등장하였는데, 그것을 총칭하여 위경(僞經) · 의경(疑經) · 의위경(疑僞經) · 위찬경(僞撰經) 등이라 말한다.[12] 이와 같은 일련의 찬술경전의 제작은 꽤 이른 시대부터 출현하였다. 동진시대의 도안(道安)은 경전의 목록을 작성하면서 당시의 찬술경전으로서 26부 30권을 들고 있다. 그것이 양나라 승우(僧祐)의 『출삼장기집(出三藏記集)』에서는 20부 26권, 수나라 법경(法經)의 『중경목록(衆經目錄)』에서는 141부 330권, 같은 수나라 언종(彦琮)의 『중경목록(衆經目

---

12) 疑經이란 경전이라는 전통의 힘을 빌려서 번쇄한 사상을 단순화하여 현세주의적인 利害를 중시하는 것에서 그 특성이 전형적으로 드러나 있다. 그 특성은 크게 두 가지로 나뉘는데, 하나는 현세적 이익의 추구이고, 다른 하나는 사상과 실천의 간략화이다.

錄)』에서는 209부 491권으로 증대되었다. 이와 같이 수많은 위경은 그 수량만으로도 대단하지만, 실제로 불교사에서 그것들이 끼친 영향은 진경 못지않은 역할을 하였다.

호국경전으로서 『인왕반야경(仁王般若經)』은 국왕이 백강좌(百講座)를 열어서 백 명의 법사를 초청하고 반야바라밀을 강의하면 국가를 수호할 수가 있다고 설한다. 보살의 계위를 논의한 『범망경(梵網經)』은 10중(重) 48경계(輕戒)를 내세웠다. 또 지의(智顗)와 길장(吉藏)이 종종 인용했던 『상법결의경(像法決疑經)』도 의경에 속한다. 나아가서 『점찰선악업보경(占察善惡業報經)』 및 『관세음삼매경(觀世音三昧經)』 등도 이후에 큰 영향을 끼쳤다.

당(唐) 시대에는 찬술경전이 더욱더 증가하여 『개원석교록(開元釋敎錄)』에는 목록 전체 가운데서 부수의 3분의 1, 권수의 5분의 1이 찬술경전이다. 가령 『정토우란분경(淨土盂蘭盆經)』, 『부모은중경(父母恩重經)』 등이 포함되어 있다. 그 밖에 당의 불교교학에 큰 영향을 끼친 『원각경(圓覺經)』, 송·원·명대에 많은 영향을 끼쳤던 『수릉엄경(首楞嚴經)』, 그리고 『대승기신론(大乘起信論)』의 주석서인 『석마하연론(釋摩訶衍論)』 등도 찬술경전으로서 대표적인 경우에 속한다.

그러나 이들 찬술경전의 출현은 당대부터 본격적인 선어록이 출현하면서 쇠퇴의 모습을 보였다. 그 까닭은 중세시대의 시작과 더불어 자성의 자각에 따른 자유로운 사상의 표출이 모든 사람에게까지 전파 및 보급된 것에 기인하였다. 그 전형적인 인물상이 곧 조사(祖師)였다. 이와 같은 조사상의 등장으로 인하여 그에 수반되는 새로운 모습의 말씀이 새로운 글의 형태로서 선어록의 모습으로 출현하였다.

따라서 교조주의적인 교학의 불설(佛說)이 점차 독창적이고 개성적인 조사의 법어로 대체되면서 찬술경전의 출현은 현저하게 줄어들고 그를 대신하여 속어 및 구어체의 선어록이 출현한 것이다. 그것은 조사선의 발전과 더불어 조사의 권위가 상승된 결과였으며, 기존의 전통 교학에 대한 반성이라 할 수 있다. 이와 같은 선어록의 위상은 조사의 지위가 부처님과 동등한 경우로까지 높아짐으로써 조사의 실명이 기록된 법어가 그대로 유통되면서 각자의 문중에 대한 홍보 내지 세력의 확장을 도모하게 되었다.13)

이후로 선어록의 지속적으로 출현하여 종교 및 사상의 범주를 초월하여 일종의 문학장르로 정착되었다. 이와 같은 모습은 이후로 더욱 빈번하게 나타났다. 당과 오대를 지나면서 송대에 대장경의 출현과 더불어 선종의 어록은 그 지위가 더욱더 확고해져 갔다. 가흥대장

---

13) 조사선이 크게 발전했던 마조 도일 이후의 선은 경론의 문헌적 연구를 떠나 일상의 언행에 즉한 것이 되었기 때문에 그러한 기록이 다시 종래의 경론의 역할을 지닌 것으로 대체되었다. 오히려 거꾸로 종래의 경전까지도 붓다의 어록으로 간주하게 되었다.

경(嘉興大藏經), 건륭대장경(乾隆大藏經), 만속장경(卍
續藏經), 대정신수대장경(大正新脩大藏經), 선종전서(禪
宗全書) 등에 수록된 북송·남송·원·명·청대의
자료로서 순수선어록으로만 국한해도 수백 종에 이른
다.

2. 중국과 일본의 선어록

1) 선어록의 분류

선어록은 선종의 어록이라는 뜻으로 활용된다. 여기
에서 보다 넓은 의미로는 선전(禪典)·선적(禪籍)·선
서(禪書)·선문헌(禪文獻)·선록(禪錄) 등으로 선에
대한 일반적인 전적을 가리킨다. 그 때문에 여기에는
선리(禪理)에 대한 저술을 포함하여 선에 대한 사상류
(思想類)·어록류(語錄類)·전등사서류(傳燈史書類)·
청규류(淸規類)·공안집류(公案集類)·수필류(隨筆類)
및 잡류(雜類) 등이 모두 포함된다. 그러나 좁은 의미
로는 선자의 언행록에 한정된다.

사상류는 선의 교의를 비롯하여 수행에 대한 지침 내
지 안내서 등으로 주로 저술의 성격을 지닌 것으로『입
도안심요방편법문(入道安心要方便法門)』,『수심요론(修
心要論)』,『돈오입도요문론(頓悟入道要門論)』,『선원제

전집도서(禪源諸詮集都序)』, 『인천안목(人天眼目)』 등이 이에 속한다.

어록류는 가장 보편적인 형태로서 『달마어록(達磨語錄)』·『육조대사법보단경(六祖大師法寶壇經)』·『신회어록(神會語綠)』·『동산어록(洞山語錄)』·『마조어록(馬祖語錄)』·『임제록(臨濟錄)』 등과 같이 속어 내지 구어체로서 일상의 어투가 잘 드러나 있다.

전등사서류로는 조사들의 계보를 기록한 것으로서 선종에서 자파의 정통성을 확보하기 위한 장치로서 큰 역할을 하였다. 가령 『능가불인법지(楞伽佛人法志)』·『전법보기(傳法寶紀)』·『능가사자기(楞伽師資記)』·『보림전(寶林傳)』·『조당집(祖堂集)』·『경덕전등록(景德傳燈錄)』·『천성광등록(天聖廣燈錄)』·『속등록(續燈錄)』·『연등회요(聯燈會要)』·『오등회원(五燈會元)』·『선등세보(禪燈世譜)』 및 각종 고승전류(高僧傳類) 등은 각 문중의 법계를 기록할 뿐만 아니라 그들의 법어까지도 수록하였다.

청규류는 선종이 발전하면서 기존의 율종으로부터 명실상부하게 독립된 종파로서 성립된 근거가 되는 문헌으로서 선종 내지 문중 자체의 내규를 기록한 선문헌에 속한다. 가령 『고백장청규(古百丈淸規)』·『칙수백장청규(勅修百丈淸規)』·『선원청규(禪苑淸規)』·『환주암청규(幻住庵淸規)』·『위산경책(潙山警策)』·『계초심학인문(誡初心學人文)』 등이다.

공안집류로는 선수행에서 일종의 기관(機關)의 성격으로 활용되는 공안을 수록한 것이다. 이들 공안집은 거(擧) · 징(徵) · 염(拈) · 대(代) · 별(別) 등 다양한 양식으로 발전되면서, 각각의 공안에 수시(垂示), 착어(著語), 송(頌), 평창(評唱) 등의 형식이 부수되었다.14) 가령 『설두송고(雪竇頌古)』·『벽암록(碧巖錄)』·『굉지송고(宏智頌古)』·『종용록(從容錄)』·『격절록(擊節錄)』·『청익록(請益錄)』·『무문관(無門關)』·『송고연주통집(頌古聯珠通集)』·『정법안장(正法眼藏)』·『선문염송(禪門拈頌)』 등이 이에 속한다.

수필류는 선문의 규범이나 출가자의 본분 등 일상의 살림살이에 대하여 교훈 및 경계하는 글로서 송대 이후에 크게 출현하였다. 『선림보훈(禪林寶訓)』·『종문무고(宗門武庫)』·『산방야화(山房夜話)』·『나호야록(羅湖野錄)』 등이 이에 속한다.

기타 잡류는 게송의 형식을 빌린 가송(歌頌) · 명

---

14) 擧는 공안에 대하여 그것을 재차 언급하는 것으로 擧唱이라고도 하고, 徵은 선문답을 가지고 따져 물어서 스승이 납자의 견해를 바로잡아주는 도구로 활용하기도 하는데 徵語라고도 하며, 拈은 선문답에 대하여 비평을 가하여 드러내기도 하는 것으로 拈弄·拈語·拈話라고도 한다. 代는 제자에게 선문답을 제시하고서 답변을 못하는 경우에 제자를 위하여 대신 법어를 내려주기도 하는 것으로 代語라고도 하며, 別은 선문답에 대하여 일찍이 다른 사람이 가했던 비평의 말에다 다시 자기의 비평을 붙이기도 하는 것으로 別語라고도 한다. 垂示는 공안에 대한 전체적인 대강이고, 著語는 선문답의 각각의 대목에 붙이는 짤막한 코멘트이지만, 보다 넓은 의미로는 여기에서 언급하는 擧·徵·拈·代·別의 전체를 가리키기도 한다. 頌은 선문답의 의미를 게송의 형식으로 드러낸 것이다. 評唱은 선문답이 등장하게 된 경위 및 배경에 대한 자세한 설명이다.

(銘) · 전(傳) · 문(文) · 행장(行狀) · 탑명(塔銘) · 기
(記) 등이 이에 속한다.

중국의 당 말기부터 본격적인 조사선이 전개되면서
마조도일과 석두희천의 계통에 많은 선승이 배출되면서
그들에게 사상을 전한 주요한 수단이 된 것이 소위 이
와 같은 어록이었다. 따라서 어록은 선승의 언행록일
뿐만 아니라 문하의 수행자들에 대하여 시중(示衆)과
상당(上堂)과 같은 훈계와 전기 등도 포함되어 있다.
그러나 어디까지나 그 중심은 다른 선승과 주고받은 상
량과 제자와의 문답 등에 대한 기록이었다. 그 때문에
선어록이란 일반적으로 어떤 선승의 언행록의 형태로
우리에게 주어진 것이지만, 실제로는 불특정한 다수의
독자를 대상으로 하여 그들에게 선사상의 핵심 곧 선승
들이 공유하고 있던 관념을 가장 명확한 형태로 전달할
것을 목표로 하여 충분한 증의와 윤문의 과정을 거쳐서
제작된 일종의 문학작품의 성격을 지니고 있다.

2) 중국의 선어록

보리달마로부터 시작되는 중국선의 경우에 혜능을 거
쳐 당 말기의 석두와 마조의 시대에는 선풍이 크게 진
작되어 소위 호남 석두종의 진금포(眞金鋪)와 강서 홍
주종의 잡화포(雜貨鋪)라는 말이 유행되었다. 이들 선

풍에서 전개되었던 사상과 수행법과 교화를 전승한 주요 수단은 선어록이었다. 선어록은 다른 선자와 행한 법거량 및 제자와의 문답 등을 기록한 선문답이 중심을 이루고 있다.

선문답은 이미 당대 초기부터 중요한 위치를 점유하고 있었다. 좌선과 염불 등 집단적인 수행에서 학인은 조실을 방문하여 자신의 경지를 드러내 보이는데, 그때 스승은 갖가지 질문을 통해 학인의 경지를 확인하고 점검하였다. 그 내용은 『능가사자기(楞伽師資記)』(716)에 수록되어 있는 지사문의(指事問義)와 같은 방식을 통해 주로 이루어졌다.15) 지사문의는 스승이 제자에게 구체적으로 사물을 가리켜 그 뜻이 무엇인지를 물으면 그에 대해 제자가 답변하는 방식이다.

그러나 마조도일에 의하여 대기대용(大機大用)이 확립됨으로써 문답의 성격은 일변하였다. 마조의 선풍에서는 일상생활 그 자체가 선의 모습이었기 때문에 선의 경지를 작용으로 나타내는 것이 중시되어 일상의 모든 측면에서 사용하는 보통의 언어 그대로 문답이 이루어지게 되었다. 그것을 그대로 기록하거나 혹은 그러한 입장에서 편찬한 것이 선어록이었다. 따라서 선어록 자체가 구체적인 측면과 인격을 통해서 선의 깨침으로 표현되지 않으면 안 된다는 사상의 표명이기도 했다. 이

---

15) 『敦煌佛典と禪』, 『講座燉煌』8, 東京: 大東出版社, 1980, pp.68-72.

러한 의미에서 선어록의 형식을 갖춘 문헌으로서 그 선구는 후막진염(候莫陳琰)의 『돈오진종금강반야수행달피안법문요결(頓悟眞宗金剛般若修行達彼岸法門要決)』과 하택신회(荷澤神會: 684-758)의 『남양화상문답잡징의(南陽和尙問答雜徵義)』를 들 수가 있다.

당대에는 대단히 많은 어록이 출현되고 편집되었는데, 그러한 것들에 의해 후대에 어록이 새롭게 재편집된 예도 많았는데, 그것은 주로 송대에 공안집의 형태로 등장하였다. 이와 같이 어록이 성행한 것은 선자들이 서로 자유롭게 교류하여 문답상량이 대단히 성행했기 때문이다. 당시는 수행자가 깨침을 목표 삼아 각 지역의 선자들을 탐방하면서 수행을 쌓아 갔기 때문에 편참(遍參)이라는 수행의 형태가 확립되어 있었다.

이러한 조사선풍은 달마로부터 연원하고 마조도일 이후의 선에서 크게 발전한 개념으로서 인간의 존재가 그대로 진실한 것으로 긍정되었는데, 이 경우에 개오(開悟)란 스스로 진리 그 자체를 알아차리는 것 이외에는 다른 것이 아니었다. 그러나 깨침을 터득하기 위해서는 제자가 적절한 단계까지 도달하지 않으면 안 되었는가 하면, 반대로 설령 그 단계에 도달하더라도 스승의 수완이 제자에게 언제나 합당한 것만은 아니었다. 여기에서 중요한 의미를 지니게 된 것이 바로 선자의 개성이었는데, 마조선의 공헌은 바로 인간의 개성적인 삶 그 자체를 긍정함으로써 인격이 선풍에 반영되는 길을 터

놓았다는 점에 있다. 그 때문에 개개의 사람들에 따른 지도방법에 다양한 차이가 생겨났다. 임제의현(臨濟義玄: ?-867)처럼 다짜고짜로 할(喝)과 방(棒)을 퍼부어 대는 경우가 있는가 하면, 조주종심(趙州從諗: 778-897)처럼 온건하고 교묘한 언설을 통해 사람들을 제접하는 경우도 있었다. 따라서 어떤 선자의 문하에서는 아무리 해도 깨치지 못했던 수행자가 다른 선자의 문하로 옮겨 깨침을 터득한 경우가 비일비재하였다.

이와 같은 내용의 기록으로서 대체로 현존하는 당나라 시대의 선적은 대부분이 오대·송초 무렵에 편집된 것이다. 이미 어록이라 불리는 것이 『송고승전』에서 처음 나타나고 있듯이, 그러한 것들이 특별히 어록으로 정리된 것은 기관(機關)과 게송(偈頌)의 영역을 벗어나 새롭게 그 특색이 반성되고 의식되었음을 의미한다. 말하자면 그것은 선어록이 일종의 고전화(古典化) 되어가는 과정으로서 『조당집』(952)·『종경록』(981)·『송고승전』(988)·『경덕전등록』(1004) 등의 편집이 서로 연속하여 행해지던 무렵에 해당한다.

본래 어록의 내용을 구성하고 있는 기관(機關)과 이치(理致)는 단순한 기록에 머무르지 않고, 종국에는 사람들에 의해 염롱(拈弄)되고 평창(評唱)되는 데에 생명이 있다. 여기에서 기관은 스승이 학인의 근기에 따라 가르침을 제시하는 갖가지 수완 내지 방편을 말한다. 또 이치는 스승이 경론의 도리를 제시하여 제자를 교화하는 수단을 말한다. 따라서 생생한 언어는 입에서 귀로 전달되는 가운데 점차 이것을 전하는 사람들의 의견이 가미된다. 마침 당말·오대의 동란기를 지나 전통에 대한 새로운 반성이 시작되는 송대 초기에는 그러한 요구가 강하게 대두되었다. 당말·오대를 통해 비교적 평온했던 강남 지방에서 당대의 어록을 재편하려는 움직임이 시작된 것이다.

그 중심은 법안종(法眼宗)으로서 영명연수(永明延壽: 904-975)의 『종경록』도, 도원(道原)의 『경덕전등록』도 모두 법안종파에 속한다. 이보다 앞선 『조당집』도 또한 같은 계통에서 나온 것이다. 본래 오대·십국 가운데 오월(吳越)과 남당(南唐)은 전란의 피해가 적었기 때문에 당 말기 불교의 유산을 보존할 수 있었다. 그리고 그러한 유산 가운데 하나가 기존의 선자들에 대한 기록물이었다. 이리하여 송대 초기 어록의 성립은 법안종의 연수 및 도원의 업적과 병행하여, 임제종의 황룡파(黃龍派) 및 운문종(雲門宗)에 속하는 사람들의 활동에 크게 기인하였다. 그것은 『보림전』으로부터 『조당집』·『경덕전등록』·『천성광등록』 등 소위 전등사서(傳燈史書)의 계보와 다른 새로운 유형을 지닌 선종문헌의 성립이었다.16)

이들 선종의 문헌은 송대에는 점차 양기파(楊岐派)의

---

16) 김호귀, 『선의 어록』, 서울: 민족사, 2014, pp.90-93.

세력이 커짐에 따라서 공안집의 유행으로 출현하였는
데, 주로 양기파와 운문종의 선어록이 주류를 형성하게
되었다. 이들 양기파와 운문종을 중심으로 하는 선어록
의 유행은 더불어 일본과 한국으로 전승되면서 중국의
선풍이 아울러 후대에까지 널리 전승되었다. 한편 19세
기 말 20세기 초에 걸쳐 돈황에서 출현한 수많은 돈황
의 선어록 가운데는 달마의 『이입사행론(二入四行論)』
을 비롯하여 『역대법보기(歷代法寶記)』 및 『단경(壇經)
』을 비롯한 초기선종의 선어록도 주목된다.17)

3) 일본의 선어록

일본선은 가마꾸라[鎌倉] 시대부터 본격적인 발전의
모습을 보여주고 있다. 그 이전 일본의 선법 전래는 다
음과 같다.
첫째, 달마(達磨) - 승나(僧那) - 혜만(慧滿)의 선법
을 계승한 도소(道昭: 629-700)는 능가선(楞伽禪)을
전래하였다.
둘째, 신수의 문하인 보적(普寂: 651-739)에게서 도
선(道璿: 702-760)은 북종선을 계승하였다.
셋째, 도선 - 행표(行表)의 선법을 계승한 최징(最澄)
은 북종선을 비롯하여 우두선(牛頭禪)을 전승하였다.

---

17) 『敦煌佛典と禪』, 『講座燉煌』8. 大東出版社, 1980, pp.3-17.

넷째, 입당하여 마조의 문하인 염관제안(鹽官齊安)의 법을 계승한 혜악(慧萼)은 염관의 제자 의공(義空) － 도방(道昉: ?-746)과 함께 귀국하여 남종선(南宗禪)을 계승히였다. 또한 와옥능관(瓦屋能光: ?-933)은 입당하여 동산양개(洞山良价)의 법을 이었지만 끝내 귀국하지 못하였다.

다섯째, 각아(覺阿: 1143-?)는 1171년에 법제인 금경(金慶)와 함께 입송하여 항주 영은사(靈隱寺)에서 할당혜원(瞎堂慧遠: 1102-1175)에게 참문하고 양기파(楊岐派)의 선법을 전승하였다.

여섯째, 능인(能忍)은 전래된 선문헌에 의하여 독학으로 선을 배우고, 섭진(攝津)에 삼보사(三寶寺)를 건립하여 선을 거양하였다. 그러나 무사독오(無師獨悟)라고 비방을 받았기 때문에 1189년에 문하생을 입송시켜 육왕산의 졸암덕광(拙庵德光)에게 편지를 보내서 인가증명을 얻었다. 이로써 능인의 문하에 모인 사람들이 많아지자 일본달마종으로서 세상에 알려지게 되었다. 일본달마종 제2조 각안(覺晏)은 야마토[大和]의 도노미네[多武峰]에서 선풍을 거양하였는데, 그 문하에는 일본달마종 제3조로서 후에 도원(道元)에게 참문한 회감(懷鑑: ?-1250?) 및 회장(懷裝: 1198-1280) 등이 있었다.[18]

---

18) 한보광, 『일본선의 역사』, 경기도: 여래장, 2001, pp.71-76.

　헤이안 시대 말기부터 선에 접촉한 사람들은 상기와 같은 사람들 이외에도 중국에 건너가서 선을 공부한 사람들이 많이 있었다. 그러나 일반적으로 영서(榮西: 1141-1215)가 입송하여 임제종 황룡파를 전승하여 임제종의 개조가 된 이후부터 본격적인 일본 선법의 초전으로 삼는다.

　가마꾸라 시대 이래로 일본에 전승된 선은 46전(傳)이고, 문파는 24류(流)이다. 그러나 토구가와 시대의 황벽종(黃蘗宗)이 전래된 이후에도 지속되었다. 가마꾸라 시대 선의 주류는 영서(榮西) 및 그의 문하인 원이변원(圓爾弁圓: 1202-1280)과 무본각심(無本覺心: 1207-1298) 등의 계보, 난계도륭(蘭溪道隆: 1213-1278)과 무학조원(無學祖元: 1226-1286) 등 일본에 도래한 원대의 승려가 전승한 선법, 대응국사 남포소명(南浦紹明: 1235-1308)가 입송하여 전승한 양기파의 선법, 대등국사 종봉묘초(宗峰妙超: 1282-1337)와 관산혜현(關山慧玄: 1277-1360)이 차제로 오(應)·도(燈)·간(關)으로 호칭되면서 임제선의 주류가 되었고, 나아가서 도원선사에 조동선법이 전래되었다.

　본격적인 선종의 발전을 보이면서 영서(榮西)의 『흥선호국론(興禪護國論)』을 비롯하여 원이변원의 『가명법어(假名法語)』 및 도원(道元)의 『정법안장(正法眼藏)』, 기타 개산조를 비롯한 거의 모든 문중의 조실에 대한 법어가 고스란히 전한다. 한편 가장 난만하게 출현했던

14세기부터 16세기에 걸친 법어가 『오산문학전집(五山文學全集)』에는 26종이 수록되어 전한다.

이와 같은 선법의 전래와 발전 가운데서 이후 조동종과 임제종과 황벽종에서 대단히 방대한 선어록이 전승되고 자생(自生)되었다. 가령 『대일본교정속장경(大日本校訂續藏經)』의 경우에 선종과 관련된 문헌은 선종잡저 91부 248권, 선종어록 27부 313권, 선종별집 121부 448권 등 총 239부 1009권에 해당한다. 그래서 총 647부 1821권의 제종으로 보면 그 3분의 1에 해당하는데, 권수로는 절반이 넘는다. 더욱이 145부 1330권의 사전부(史傳部) 가운데 포함된 71부 959권의 선종문헌을 포함하면 출간 및 유통되고 있는 분량은 더욱 방대하다. 기타 『대일본교정장경(大日本校訂藏經)』의 선문헌 및 『속장경』에는 누락된 다수의 돈황문서도 현재 유통되고 있다.

3. 한국 선어록의 간행과 전개

1) 선의 전래와 정착

중국의 선법이 신라에 초전된 것은 8세기 중반으로 사조 도신의 선법을 전승한 법랑(法朗)의 귀국에 의해서였다.[19] 그러나 본격적으로 선법이 수용되고 이해되

기까지는 9세기 초에 가능하였다. 선법의 수용에 앞장
선 사람들은 신라에서 교학을 공부하고 입당유학했던
사람들이 중심을 이루었는데 주로 8세기 후반부터였다.
이들 선법의 초전 시대에 신라에는 이미 활발한 교학적
토대가 구축되어 있었다. 그 때문에 그와 같은 상황에
서 선법이 신라에 뿌리를 내리기 위해서는 선의 특유한
사상 및 방식을 강조하지 않을 수 없었는데, 그것이 「
무설토론(無舌土論)」 및 「진귀조사설(眞歸祖師說)」과
같은 선법 우위를 내세우면서 의도적인 선교차별(禪敎
差別)을 강조하였다. 그것은 이미 교학을 공부한 이후
에 더욱 새로운 선법을 추구했다는 내용으로 나타나기
도 하고, 교법보다는 선법이 뛰어나다는 내용을 전개하
기도 하였으며, 더 나아가서 선법에서도 조사선(祖師
禪)이 여래선(如來禪)보다 뛰어나다는 것을 강조하는
등 다양하게 나타났다.

이처럼 한국선법의 시작은 도신의 정통법을 계승한
법랑의 선법과 신행의 선법이 그 바탕이 되었다. 이것
은 중국 조사선의 계승으로서 동산법문(東山法門)을 비
롯하여 북종선(北宗禪)의 계통으로서 교학에 근거한 선
법과 관련되어 있었다. 이어서 도의국사와 홍척국사 등
을 위시하여, 소위 남종선(南宗禪)의 전통이 전래되면

---

19) 法朗의 귀국연대는 분명하지 않지만, 최치원의 「智證大師寂照塔碑」에
의하면 7세기 중반부터 8세기 중반 쯤으로 간주된다. 그 법계는 道信 -
信行 - 遵範 - 惠隱 - 智證大師 道憲이다.

서 신라사회에 선법이 뿌리를 내릴 수 있는 기반을 확보하였다. 이를 바탕으로 이후에 도의 및 홍척의 몰종적(沒蹤迹)의 조사선법이 구축되는 토대가 되었다. 이로써 최초기 한국선법의 전래 및 그 성격은 보리달마 선법의 정통인 대의 도신의 법맥이었고, 사상 및 수행법으로는 도신의 교학적인 바탕 및 북종선 계통의 자교오종(藉敎悟宗)의 전통을 전승하였다.[20)]

이후로 많은 입당유학승에 의해서 지속적으로 소위 중국의 남종선법이 전승되었다. 이와 같은 모습은 당(唐)에서 소위 선종오가(禪宗五家)가 형성되기 직전인 9세기 초반부터 본격적으로 시작된 이래로, 선종오가의 출현과 일치하는 9세기 중반부터 10세기 중반의 나말여초 시대에는 소위 구산선문(九山禪門)의 형성으로 나타났다.

중국의 선종오가가 형성된 이후에 신라에 전래된 종파불교 가운데 비교적 이른 시기에 전래된 것은 위앙종(潙仰宗)과 조동종(曹洞宗)이었다. 뒤를 이어 법안종(法眼宗), 운문종(雲門宗), 임제종(臨濟宗)의 종풍이 고려 초기에 전래되었다. 조동종 계통의 원류를 처음으로 전래한 경우는 낭공행적(朗空行寂)이었다. 그러나 본격적으로는 고려 신라 말기와 고려 초기에 걸쳐 이엄(利嚴), 여엄(麗嚴), 경유(慶猷), 형미(逈微), 경보(慶補)

---

20) 김호귀, 『인물한국선종사』, 경기도: 한국학술정보, 2010, p.50.

등을 통하여 전래되었다.[21]

　이처럼 법랑으로부터 비롯된 동산법문의 계승과 도의로부터 비롯된 소위 남종의 법문과 이후 종파선의 전래 등은 고려 전반기에는 소위 9산문, 14산문, 6산문, 3원 등으로 유지되었다. 이 외에도 일군의 집단으로 계승되지 못하고 소멸해버린 개별적인 선풍 내지 사찰 등이 고려 중기에 이르러서는 조계선법 혹은 조계선풍 등으로 불리기도 하면서 이합집산하면서 고려 말기까지 존속되었다. 이와 같은 선법은 때로는 화엄을 위시한 교학불교와 성격의 차이 등으로 인하여 상호간에 자파의 주도권 경쟁을 보이기도 하였다. 그 가운데 혜조국사 담진(曇眞)과 보조지눌(普照知訥)로 계승되는 사굴산파 계통과 원응국사 학일(學一)과 보각국사 일연(一然)으로 계승되는 가지산파 계통의 선법이 주축을 형성하면서 고려선법의 틀을 형성하고 전개시켜 왔다.

2) 고려의 선어록

　신라 말기부터 전래되기 시작한 중국의 선법은 고려 초기까지 지속되었다. 이들 선법의 수입은 거의 자발적으로 이루어졌는데, 고려시대부터는 점차 자생적인 선풍의 전개도 더불어 이루어지면서 그 사상적인 면모를

---

21) 대한불교조계종 교육원, 『曹溪宗史-古中世篇-』, 서울: 조계종출판사, 2004, pp.152-160.

직접적으로 엿볼 수 있는 선어록의 등장도 출현하였다. 특히 본격적인 어록의 명칭은 붙어 있지 않지만 『조당집』에 수록되어 있는 요오순지(了悟順之)의 법어는 순지의 어록이라고 불러도 무방하다. 그러나 우리나라에서 본격적으로 등장하는 선어록은 상당히 늦은 시기인 보조지눌에 와서야 가능했지만, 그 선구는 이미 순지로부터 찾아볼 수가 있다. 순지의 법어를 통하여 당과 오대와 송으로부터 전래된 선법뿐만 아니라 고려시대 선법에서 계승되고 발전된 원상선법과 화엄선법의 면모를 파악할 수가 있다.

고려 중기에는 소위 거사선(居士禪)으로 대표되는 선법의 등장과 더불어 교양의 수양법으로 수용되어 선법 내부에서의 종파의식은 미미하였다. 그러나 무신정권 이후부터 선법이 크게 발전하면서 고려 후기에는 기존의 오가선법의 바탕과 더불어 송(宋)과 원(元)으로부터 새롭게 수입된 운문선법 및 임제선법의 출현으로 말미암아 법맥에 대한 자각이 크게 강조되었다. 그 때문에 해동의 선법이 고려 후기부터는 사상적인 전개보다는 오히려 법맥의 전승에 따라 좌우되는 모습으로 전개되어 갔다. 이 점은 조선시대의 배불정책의 상황에서 한편으로는 법통의 계승이라는 긍정적인 역할로도 작용했지만, 다른 한편으로는 초종월격(超宗越格)의 종지를 강조하는 개별적인 선법의 특수성을 발휘하지 못하고 그대로 기존의 전통에 매몰되어 오히려 생기발랄했던 선법의 본래정신이 심히 위축되는 결과로 나타났다.

이러한 가운데 보조지눌은 『권수정혜결사문(勸修定慧結社文)』, 『수심결(修心訣)』, 『진심직설(眞心直說)』, 『원돈성불론(圓頓成佛論)』, 『간화결의론(看話決疑論)』 등을 통하여 선리의 천착과 선수행법을 통한 교화를 제시하였다. 나아가서 『염불요문(念佛要門)』, 『계초심학인문(誡初心學人文)』, 『화엄론절요서(華嚴論節要序)』, 『법집별행록절요병입사기(法集別行錄節要幷入私記)』, 기타 여러 가지 발문 등을 통하여 교학적인 전개도 아울러 보여주었다.

진각혜심(眞覺慧諶: 1178-1234)은 기존의 여러 가지 선어록에서 공안을 발췌하여 『선문염송(禪門拈頌)』 30권을 편찬함으로써 공안집의 정수를 출현시켰다. 한편 『조계진각국사어록(曹溪眞覺國師語錄)』은 상당법어를 중심으로 한 순수선어록의 모습으로는 한국선에서 최초에 해당한다. 더욱이 무자화두의 참구법에 대한 것으로 『구자무불성화간병론(狗子無佛性話揀病論)』을 저술하였다.

또한 지겸(志謙)은 『종문원상집(宗門圓相集)』을 통하여 선문법어 가운데 원상에 대한 것을 집대성하였다. 서룡선로연공(瑞龍禪老連公)이 『증도가(證道歌)』에 대한 주석으로 편찬한 『남명천화상송증도가사실(南明泉和尙頌證道歌事實)』 3권도 전한다. 백운경한(白雲景閑)과 태고보우(太古普愚)와 나옹혜근(懶翁惠勤)의 각각의 어록은 선어록으로서 진각혜심의 어록과 더불어 고려시대 선어록의 전성기이다. 또한 가송으로서 『나옹화상가송(懶翁和尙歌頌)』 및 『보제존자삼종가(普濟尊者三種歌)』가 전한다. 기타 야운(野雲)의 『자경서(自警序)』는 주인공에 대한 자각과 경책의 성격을 보여주고 있다.

한편 진정국사 천책(天頙)은 선법 우위의 입장에서 『선문보장록(禪門寶藏錄)』 3권을 저술하여 선과 교학의 관계에 대한 선의 입장을 제시하였고, 또한 선리에 대한 강요서로서 임제종 및 운문종의 교리에 국한된 『선문강요집(禪門綱要集)』도 전한다. 백운경한은 기존의 전등사서에 근거하여 불조의 법어를 발췌하여 『백운화상초록불조직지심체요절(白雲和尙抄錄佛祖直指心體要節)』을 편찬함으로써 선종의 전등의식에 대한 중요성을 일깨워주었다.

인각일연은 조동종의 교의에 대한 조동오위(曹洞五位)의 사상을 집대성한 『중편조동오위(重編曹洞五位)』를 편찬함으로써 그 동안 제기되어 온 논란의 역사에서 오위의 연원에 대한 기존의 오류를 바로잡고, 그 오해에 대하여 정통오위에 대한 견해를 제시함으로써 선리에 대한 이해를 추구하여 깨침에 대한 바른 안목을 심어주기에 노력하였다.[22]

---

22) 김호귀, 『인물한국선종사』, 경기도: 한국학술정보, 2010, pp.138-139.

3) 조선의 승려문집

태고보우와 나옹혜근의 법맥을 중심으로 전개된 조선시대의 선법은 부휴선수(浮休善修)와 청허휴정(淸虛休靜)을 거치면서 더욱더 임제선법의 틀에 갇혀서 이전의 선종오가 내지 오가를 뛰어넘는 선법을 전개하지 못하였다. 이와 같은 결과는 환성지안(喚惺志安)의 『선문오종강요(禪門五宗綱要)』에서 볼 수 있듯이 오가에 대하여 그 중심이 도그마적인 사상의 인식으로 흘러갔다. 가령 조선시대 후기에 백파긍선(白坡亘璇)으로부터 촉발된 임제선법의 교의에 근거하여 나타난 선론의 전개는 그 일례였다.

따라서 선사의 개별적인 어록이 출현하지 못하고 기존의 경론과 저술 및 어록 등에 대한 주석 내지 사기(私記)가 주류를 형성하였다. 그 때문에 선어록이 지니고 있는 생기발랄하고 역동적인 언어표현 및 문답 등이 거의 사라져버렸다. 조선시대 선문헌이 지니고 있는 이와 같은 한계를 극복하기 위해서는 기존 선종과 같은 법맥과 문중의 범주를 벗어나서 선사 개인의 어록 및 문집을 통하여 개별적이고 독특한 사상 및 그 실천의 조명이 필요하게 되었다. 이런 분위기에서 순수어록의 형식은 출현하지 못하고 대신 승려 개인의 문집으로 출현하였다.

조선시대 선어록은 그 기본적인 형식에 해당하는 법어 내지 문답 중심보다는 주로 선사의 개인적인 기록물의 모습으로 등장하였다. 그 때문에 함허기화(涵虛己和)의 『함허당득통화상어록(涵虛堂得通和尙語錄)』과 일제강점기 시대에 출현한 『용성선사어록(龍城禪師語錄)』을 제외하고는 거의 대부분이 어록의 명칭보다는 시문집 내지 주석을 곁들인 사기의 성격을 지니고 있어서 일상의 삶에 대한 기록보다는 선리에 대한 개인의 사유 내지 저술의 형식으로 출현하였다. 따라서 선리에 대한 저술을 비롯하여 승려의 문집 가운데 널리 선문헌의 일군에 속하는 것으로 간주되는 것을 『한국불교전서』의 수록본에서 찾아보면 다음과 같다.[23]

무학자초 (無學自超)	불조종파지도(佛祖宗派之圖)
함허기화 (涵虛己和)	선종영가집과주설의(禪宗永嘉集科註說誼)·함허당득통화상어록(涵虛堂得通和尙語錄)
말계지은 (末繼智訔)	적멸시중론(寂滅示衆論)
김시습 (金時習)	십현담요해(十玄談要解)
벽송지엄 (碧松智儼)	벽송당야로송(碧松堂埜老頌)·훈몽요초(訓蒙要鈔)·염송설화절록(拈頌說話節錄)
허응보우 (虛應普雨)	허응당집(虛應堂集)·나암잡저(懶庵雜著)
청허휴정 (淸虛休靜)	선가귀감(禪家龜鑑)·심법요초(心法要抄)·선교석(禪教釋)·선교결(禪教訣)·청허당집(淸虛堂集)·설선의(說禪儀)·운수단가사(雲水壇謌詞)·삼로행적(三老行蹟)·선가금설록(禪家金屑錄)·강서마조사가록초(江西馬祖四家錄草)·정선사가록(精選四家錄)·속

---

23) 시문집의 경우에 선법의 내용을 담고 있는 것으로 제한하였다.

	진실주집(續眞實珠集)
부휴선수 (浮休善修)	부휴당대사집(浮休堂大師集)
정관일선 (靜觀一禪)	정관집(靜觀集)
영허해일 (暎虛海日)	영허집(暎虛集)
사명유정 (四溟惟政)	사명대사집(四溟大師集)
순명경헌 (順命敬軒)	제월당대사집(齋月堂大師集)
청매인오 (靑梅印悟)	청매집(靑梅集)
기암법견 (奇巖法堅)	기암집(奇巖集)
소요태능 (逍遙太能)	소요당집(逍遙堂集)
중관해안 (中觀海眼)	중관대사유고(中觀大師遺稿)
영월청학 (詠月淸學)	영월당대사문집(詠月堂大師文集)
편양언기 (鞭羊彦機)	편양당집(鞭羊堂集)
운곡충휘 (雲谷沖徽)	운곡집(雲谷集)
백공처능 (白谷處能)	대각등계집(大覺登階集)·임성당대사생장(任性堂大師行狀)
침굉현변 (枕肱懸辯)	침굉집(枕肱集)
허백명조 (虛白明照)	허백집(虛白集)
상봉정원 (霜峰淨源)	선원제전집도서분과(禪源諸詮集都序分科)
백암성총 (栢庵性聰)	백암집(栢巖集)·치문경훈주(緇門經訓註)
운봉대지 (雲峯大智)	운봉선사심성론(雲峯禪師心性論)
월봉책헌	월봉집(月峯集)

(月峯策憲)	
월저도안 (月渚道安)	월저당대사집(月渚堂大師集)
풍계명찰 (楓溪明察)	풍계집(楓溪集)
설암추붕 (雪巖秋鵬)	선원제전집도서과평(禪源諸詮集都序科評)
무경자수 (無竟子秀)	무경집(無竟集)·무경실중어록(無竟室中語錄)·불조진심선격초 (佛祖眞心禪格抄)
환성지안 (喚性志安)	선문오종강요(禪門五宗綱要)·환성시집(喚性詩集)
허정법종 (虛靜法宗)	허정집(虛靜集)
회암정혜 (晦庵定慧)	선원집도서과기(禪源集都序科記)·법집별행록절요사기해(法集 別行綠節要私記解)
송계나식 (松桂羅湜)	송계대선사문집(松桂大禪師文集)
상월새봉 (霜月璽封)	상월대사집(霜月大師集)
함월해원 (涵月海源)	천경집(天鏡集)
기성쾌선 (箕城快善)	청택법보은문(請擇法報恩文)
월파태율 (月波兌律)	월파집(月波集)
조관용담 (慥冠龍潭)	용담집(龍潭集)
호은유기 (好隱有璣)	호은집(好隱集)
설담자우 (雪潭自優)	설담집(雪潭集)
야운시성 (野雲時聖)	야운대선사문집(野雲大禪師文集)
오암의민 (鰲巖毅旻)	오암집(鰲巖集)
용암체조 (龍巖體照)	용암당유고(龍巖堂遺稿)
대원무외	대원집(大圓集)

(大圓無畏)	
추파홍유 (秋波泓宥)	추파집(秋波集)
사암채영 (獅巖采永)	서역중화해동불조원류(西域中華海東佛祖源流)
벽담혜심 (碧潭譓諶)	사명당지파근원록(四溟堂枝派根源綠)
진허팔관 (振虛捌關)	삼문직지(三門直指)
연담유일 (蓮潭有一)	도서과목병입사기(都序科目幷入私記)·법집별행록절요과목병입사기(法集別行綠節要科目幷入私記)·석전유해(釋典類解)
괄허취여 (括虛取如)	괄허집(括虛集)
충허지책 (沖虛旨冊)	충허대사유집(沖虛大師遺集)
몽암기영 (夢庵箕穎)	몽암대사문집(夢庵大師文集)
정약용 (丁若鏞)	대동선교고(大東禪敎考)
백파긍선 (白坡亙璇)	선문수경(禪文手鏡)·수선결사문과석(修禪結社文科釋)·무주경책(無住警策)·소림통방정안(少林通方正眼)
설두유형 (雪竇有炯)	선원소류(禪源遡流)·산사약초(山史略抄)
아암혜장 (兒庵惠藏)	아암유집(兒庵遺集)
초의의순 (草衣意恂)	선문사변만어(禪門四辨漫語)·진묵조사유적고(震默祖師遺蹟攷)
철선혜즙 (鐵船惠楫)	철선소초(鐵船小艸)
김대현 (金大鉉)	선학입문(禪學入門)
범해각안 (梵海覺岸)	동사열전(東師列傳)
우담홍기 (優曇洪基)	선문증정록(禪門證正錄)
귀암 (龜巖)	선문설두천동원오삼가염송집(禪門雪竇天童圓悟三家拈頌集)

극암사성 (克庵師誠)	극암집(克庵集)
경허성우 (鏡虛惺牛)	경허집(鏡虛集)
진하축원 (震河竺源)	선문재정록(禪文再正錄)
해붕전령 (海鵬展翎)	해붕집(海鵬集)
금명보정 (錦溟寶鼎)	불조록찬송(佛祖綠讚頌)·조계고승전(曹溪高僧傳)
순계 (淳溪)	순계선사농아가(淳溪禪師弄我歌)
저자 미상	선교총판문(禪教摠辦門)·참선염불문(參禪念佛門)·동국승니록 (東國僧尼綠)·통록촬요(通錄撮要)

승려문집의 경우 『허응당보우집』을 비롯하여 41명에 의한 것으로 43종에 달한다. 이들 내용은 대부분이 시 (詩), 명(銘), 기(記), 잠(箴) 등을 비롯하여 산문, 서간 문, 모연문, 상량문 및 각종 의례와 관련되어 있다.

4. 선어록의 역할과 기능

1) 선어록의 유통

한국선의 전래에서 선어록의 형태로 유입된 구체적인 기록은 불분명하다. 다만 『지리산쌍계사기(智異山雙溪 寺記)』에 의하면, 신라 말기에 삼법화상(三法和尙)은 입당구법승이었던 규정(圭晶)이 당에서 가져온 『단경』 을 보고서 육조의 정상(頂相)을 취하려고 했다는 기록이 있다.24) 그러나 당시에 수많은 입당구법승들이 귀국하였기 때문에 당시에 당에서 널리 유통되고 있던 어록이 수입되었을 것으로 보인다. 그러므로 나말여초에 형성된 구산선문의 개창자들에 의하여 제시된 선법 및 저술을 통하여 다양한 선어록이 유통되었음을 알 수가 있다.

후삼국 및 고려 초기에는 중국 조동종의 선풍을 수입했던 해동사무외대사(海東四無畏大士)를 비롯하여 20여 명 이상의 조동선자가 활동하였고, 영명연수(永明延壽)의 문하에서 사법한 36명이 고려에 법안종의 선풍을 보급하였다. 또한 현눌(玄訥)과 영조(映照) 등이 전래한 『설봉어록(雪峯語錄)』은 소위 거사선을 주도했던 사람들에게 널리 수용되어 선법의 안목을 넓혀주었다. 원응학일(圓應學一)과 혜조담진(慧照曇眞) 등은 임제종풍을 수입하였고, 고려대장경에는 『조당집』을 비롯하여 『종경록(宗鏡錄)』, 『선문염송집(禪門拈頌集)』, 『남명천화상송증도가사실』 등이 입장되었다.

고려 중기에는 송과 빈번한 문화교류를 통하여 선종오가의 어록이 모두 수입되었다. 고려에서 저술된 『선

---

24) 『智異山雙溪寺記』에 의하면, 신라 말기에 三法和尙은 입당구법승이었던 圭晶이 당에서 가져온 『법보단경』을 보고서 法淨 비구니에게 부탁하여 20천금을 빌려 입당하였다. 거기에서 홍주 開元寺에 우거하면서 신라 백률사의 김대비 스님을 만나 상의하였다. 이에 張淨滿이라는 사람을 시켜 육조의 頂相을 가져오게 하였다. 그리하여 삼법화상은 법정 비구니가 주석하던 靈妙寺에 모셨다가, 지리산 화개곡에 탑을 세우고 선정에 전념하였다.

문보장록』에는 교학보다 선을 우위에 두고, 나아가서 선교 차별을 의도적으로 겨냥한 모습이 드러나 있다. 특히 조사선 위주의 선풍을 강조하면서 교외별전의 종지에 대해 심도 있는 설명을 가하였는데, 「신귀조사설」과 「무설토론」 등이 그것이다. 『선문보장록』 3권은 86칙으로 구성되어 있고, 각각의 내용에 대하여 출처의 문헌을 기록해두고 있는데, 전체 36종의 문헌 가운데 현존하는 것은 15종이다.[25) 기타 일실된 종류까지 감안한다면 중국선종에서 유통되고 있는 문헌이 대부분 전래된 것으로 보인다. 그리고 지겸의 『종문원상집』은 중국에서 유통된 수십 종류의 선어록에서 추출한 원상관련 공안을 집대성한 것이다.

또한 고려 중기 이후부터는 송과 원으로부터 선문헌이 수입됨과 더불어 고려에서 자생적으로 어록이 출현하였다. 보조지눌을 비롯한 진각혜심 그리고 태고보우, 백운경한, 나옹혜근 등을 통하여 그들의 어록의 유통되었다. 한편 중국에서 전승된 다양한 전등사서가 유행되었는가 하면, 그것을 재편하여 유통시키는 경우도 있었다. 백운경한의 『백운화상초록불조직지심체요절(직지심

---

25) 『禪門寶藏錄』, (韓佛全6, pp.469-483)에 인용되어 있는 현존 목록은 ①『가태보등록』 ②『경덕전등록』 ③『달마비문』 ④『벽암록』 ⑤『봉암산홍법사진공대사충담탑비』 ⑥『선림승보전』 ⑦『선원제전집도서』 ⑧『송고승전』 ⑨『오등회원』 ⑩『인천안목』 ⑪『전등대주선사문답오칙』 ⑫『전법정종기』 ⑬『종문무고』 ⑭『청평산문수원기』 ⑮『해동무염국사무설토론』 등이다.

경)』은 『경덕전등록』을 요약하고 발췌한 것이고, 숭묵 (崇黙)의 『통록촬요』는 송대 공진(共振)의 『조원통록 (祖源通錄)』 24권을 요약한 것으로, 남송대 진실(眞實) 이 편찬한 『대장일람(大藏一覽)』 제10권을 참고하여 기 존의 전등사서에는 보이지 않는 30명 이상의 해동 선자 들에 대한 기록을 보완하여 유통시킨 것이다.

조선시대에는 선어록을 수입하는데 그치지 않고 국내 에서 출현한 어록을 비롯하여 기존에 수입된 어록을 판 각하여 유통시켰고, 나아가서 주석을 붙여서 개판하기 도 하였다. 15세기에는 간경도감에서 언해불서를 출간 하면서 『선종영가집언해(禪宗永嘉集諺解)』 2권(1464), 『묵우자수심결언해(牧牛子修心訣諺解)』(1467), 『몽산화 상법어약록언해(蒙山和尙法語略錄諺解)』(1467), 『환산 정응선사시몽산법어(皖山正凝禪師示蒙山法語)』·『동산 숭장주송자행각법어(東山崇藏主送子行脚法語)』·『몽산 화상시중(蒙山和尙示衆)』 · 『고담화상법어(古潭和尙法 語)』의 4종의 법어를 묶은 『사법어언해(四法語諺解)』 (1467) 등이 출간되었고, 간경도감이 폐지된 1471년 이후에도 지속적으로 『영가대사증도가남명천선사계송언 해(永嘉大師證道歌南明泉禪師繼頌諺解)』 2권(1482), 『 육조법보단경언해(六祖法寶壇經諺解)』 3권(1496), 『십 현담요해언해(十玄談要解諺解)』(1548), 『선가귀감언해 (禪家龜鑑諺解)』 2권(1569) 등이 출간되었다.

이와 같은 어록의 유통은 선사상의 수입뿐만 아니라

중국선의 수행문화 및 한국문화의 전승까지 담아내었
다. 고려 중기와 후기에 각각 전승된 간화선의 선법은
그 텍스트로서 『몽산법어』와 더불어 몽산덕이(蒙山德
異)의 선풍과 그 문도들의 고려 귀국을 계기로 하여 선
수행법의 보급도 이루어졌다. 또한 고려 말기 및 조선
초기에는 다양한 전등사서류가 전승되어 선종의 법계의
식이 고양되었는데 벽송지엄(碧松智嚴)이 『통록촬요』에
붙인 발문(跋文)26) 및 청허휴정이 『선가귀감』에 수록
한 선종오가의 법계27) 등은 오늘날까지 고스란히 계승
되고 있다. 한편, 조선 후기에는 기존의 어록에 대한 주
석의 성격을 지닌 문헌의 전승이 유행되어 수많은 사기
류의 출현을 보였는가 하면, 선사 개인의 사상을 시문
을 통하여 피력한 문집류의 등장이 유행하였다. 이들
사기와 문집의 문헌들은 중국의 선종사 내지 한국의 선
종사에서 이전의 고려 시대와도 비교되는 조선시대에
보이는 선문헌의 특징이다.

2) 선어록의 역할

한국불교에서 선어록은 선법의 수입 이후부터 비단
선종에만 영향을 끼친 것이 아니라 한국불교의 전반에
걸쳐서 여러 가지 측면으로 기능해왔다. 신라 말기 선

---

26) 『通錄撮要』, (韓佛全7, pp.808下-809上)
27) 『禪家龜鑑』, (韓佛全7, p.644中-下)

법의 수입시기에는 불교의 선법이라는 측면뿐만 아니라 당 및 오대의 선진문화의 도입과 인적 왕래를 통한 사상적인 교류가 가능하였다. 특히 장보고(張保皐)가 바닷길을 개척한 이후부터는 활발한 인적 및 물적 교류는 수많은 물자의 교류뿐만 아니라 구법의 입당유학승을 배출함으로써 신라의 불교 나아가서 신라의 정신문화를 크게 고양시켰다.

고려 초기부터는 당 말기 및 오대에 형성된 선종오가의 수입을 통하여 중국 선법의 이해와 선종오가의 개창자들의 어록이 전승되어 승려 이외에 재가인들에게도 관심을 불러일으킴으로써 문인계급을 중심으로 김부식 및 이자현 등 소위 거사선(居士禪)의 선풍을 보이기도 하였다. 이후 고려 중기에는 송대의 선수행의 문화가 도입되면서 지눌과 혜심 등을 위시한 한국적인 간화선풍의 정착을 가능하게 하였다. 그런 상황에서도 보각 일연은 중국의 조동종풍과 관련된 어록을 유통시킴으로써 민족의 정체성을 도모했던 『삼국유사』의 면모를 계승시켰다.28)

고려 후기에 본격적으로 출현한 다수의 순수 선어록은 입원(入元)한 선승들의 선사상은 물론이고 선문답에 대한 보편적인 이해의 모습이 잘 드러나 있다. 그러나

---

28) 麟角一然의 『重編曹洞五位』는 오위사상의 원류를 계승하려는 것으로서 정통 조동오위의 회복을 도모하고 보급함으로써 오위에 대한 오류를 바로잡는 것을 목표로 하였는데, 이 점은 일연의 전통적인 민족의식의 고양 및 그 회복과 궤를 같이하는 것이었다.

그 가운데는 왕실에 대하여 빈번한 축원의 모습을 비롯한 호국 및 호법의 정신이 지나치게 가미되어 있어서 어록이 순수한 어록의 기능과 더불어 국가의 수호 및 백성의 안녕을 위한 방편적인 작용으로 흘러갔던 모습도 부정할 수가 없다. 그 때문에 변조신돈(遍照辛旽)과 알력의 모습을 보였던 태고보우(太古普愚)의 부분적인 개혁정신은 국가개혁을 위한 것이 아니라 원융부(圓融府)를 통한 고려 구산문의 통합을 위한 작은 시도에 그친 채 갈등만 유발하고 말았다.[29]

이와 같은 결과는 조선시대 불교정책의 영향을 말미암아 현상유지가 어려운 상황을 맞이하여 자생하지 못하고 겨우 기존의 몇몇 전등사서를 통한 법맥의 강조를 인식함으로써 불법의 계승을 유지하려는 모습이 강하게 등장하였다. 그 결과 청허의 문하에서는 정통법맥의 정립을 위한 노력의 모습이 제기되었고, 그 결과 오늘까지 이르는 법계의식이 자리잡게 되었다.

조선 중기에 등장한 수많은 불서의 간행은 선문헌의 경우도 예외가 아니었다. 언해를 비롯한 다양한 선서의 유통은 강원제도의 형성을 보였을 뿐만 아니라, 그들 문헌에 대한 빈번한 주석은 물론이고 불교의 전반에 걸친 경론에 대한 강독의 유행으로 계승되었다. 이것은 널리 보급되어 유교의 문인들과 사상적으로 교유하는

---

29) 허흥식, 『高麗佛敎史硏究』, 서울: 일조각, 1990, p.354

승려들을 배출하여 유생들에게 불교 전반에 대한 오해를 다소나마 해소시키고 이해의 폭을 넓혀주는 것이기도 하였다.

선법의 이해와 실천은 불교에서 발원하여 인도와 중국이라는 지역과 그 시대적인 문화를 고스란히 담은 채 우리나라에 들어왔다. 그리고 그것을 답습하고 발전시키면서 새롭게 한국적인 어록의 생성을 보이면서 특정한 지역 내지 국가에 국한되지 않는 보편적인 어록으로 전승된 것은 그것을 수용하고 발전시키며 전개시킬 수 있었던 문화적인 요구가 있었기에 가능하였다. 그 요구는 바로 선종의 출현을 말미암아 그로 인하여 직접적이고 현실적인 선어록의 등장과 더불어 그 어록을 접하는 사람들이 각자의 안목에 의거하여 선별적으로 받아들이고 이해하며 새롭게 창출하고 전승하여 이 땅에 정착시키려는 것이었다.

3) 한국불교와 선어록

한국에 불교의 역사가 시작된 4세기 후반부터 한국의 상황은 여러 측면에서 큰 변모를 초래하였다. 고등종교의 수입과 사상적으로 유교와 도교와 더불어 사유의 체계를 확장하였을 뿐만 아니라, 불교의 문화가 보급되었다. 위정자들이 살생을 금지하는가 하면 인과의 도리를 가르치고 화복을 맞이하는 자세를 권유하게 되었다. 특히 신라에서는 진흥왕대 이후 한역불전이 수입되면서 대승교학에 대한 연구도 이루어졌다. 원광(圓光) 및 자장(慈藏)을 비롯하여 수많은 고승들에 의하여 중국 남북의 불교와 교류하면서 경전과 논서들이 수입되었고 여러 학파의 교학을 받아들여 점차 독자적인 불교학이 구축되었다.

그러나 8세기 중반부터 전래되기 시작한 선법은 9세기에 들어와서 본격적으로 수입됨으로써 교학불교의 한계를 보완해주는 역할을 하였다. 나말여초에 형성된 구산선문을 위시한 고려 초기 중국 선종오가의 전승은 화엄, 유가, 천태, 법상을 중심으로 흘러가던 불교학 및 신앙생활에 새로운 불교의 분위기를 불러일으켰다. 고려 중기에 기존의 지배층인 왕실과 문인관료와 연계하고 있던 수도중심의 불교가 쇠퇴하고 대신에 권력으로부터 독립하여 자율적으로 운영하고자 한 지방의 결사불교가 대두되었다. 지눌이 수선결사(修禪結社)의 운동을 주도한 것은 바로 『단경』과 『대혜어록』과 『신화엄경론』 등을 통한 정신적인 자각을 말미암은 것이었다. 그 기본적인 이념은 『단경』에 제시된 정(定)과 혜(慧)를 함께 닦으라는 것이었다. 지눌에게 있어서 정과 혜는 수행과 깨달음이라는 관계를 초월하여 자리(自利)의 수행과 이타(利他)의 중생제도의 관념으로까지 승화되어 이후에 요세(了世)의 결사운동에도 큰 영향을 끼쳤다.

특히 고려 후기부터는 교학의 쇠퇴와 선법의 발전으로 인하여 선어록의 위상이 보다 높아짐에 따라서 선어록의 가치는 더욱더 보편성을 획득하였다. 『대혜어록』으로부터 유행하기 시작한 간화선의 보급은 혜심의 간화일문을 통하여 선의 수행, 나아가서 한국불교의 수행문화에 크게 기여하였다. 고려 후기에는 원(元)으로부터 재수입된 간화선 위주의 선법과 그에 수반된 법계의 전승 그리고 수많은 송대 및 원대 선어록의 보급으로 인하여 선종이 한국불교의 주류를 형성하게 되었다.

그러나 고려 말기에 불교 밖에서는 신진사대부들이 성리학을 수용하여 새로운 사회의 지도이념으로 삼게 되면서 어록을 비롯한 불서의 가르침에 대하여 그것을 관념적이고 초세간적인 가르침으로 치부하였다. 성리학은 처음에는 사회개혁의 정치이념으로 출발하였지만, 점차 타락한 불교를 겨냥하여 수행자의 모습을 상실한 승려에 대한 공격, 나아가서 사찰의 재산에 대한 몰수 그리고 불교의 이론을 배척하는 방향으로 나타났다. 그들 폐불론자들의 득세에 따른 불교의 쇠퇴는 끝내 급진파의 승리로 조선왕조가 개창되면서 선법을 비롯한 한국불교 전체의 운명은 암울해지게 되었다.

조선시대에는 어록이 교학의 불서들과 특별히 구별되지 않고 통합불교적인 입장에서 취급되어버렸다. 그 때문에 어록의 경우에 그 특수한 형식을 상실하고 경전에 대한 개인적인 견해를 피력하는 주석 내지 시문집의 형식에 의거한 저술의 형태로 등장하였다. 그 때문에 어록과 교학의 불서의 경계가 애매모호해지고 말았다. 그 결과 17세기에는 강원의 이력과정의 정립과 수행체계가 선(禪)과 염불(念佛)과 간경(看經)의 삼문수업(三門修業)의 형태로 가시화되었는데, 수행보다는 신앙을 중시하는 방향으로 정착되어 갔다. 이에 선과 교학과 정토 등이 점차 융합되는 경향으로 흘러갔다.

그런 가운데서 특히 사기(私記)의 유행은 경전 및 어록에 대한 이해와 해석의 측면뿐만 아니라 선사의 개인적인 견해를 표출해주는 주요한 문학형식으로 자리잡으면서 크게 유행하였다. 이와 같이 변용된 어록의 전승으로 인해 조선후기 한국불교는 유교문화 위주의 사회에서도 불교의 고유한 생명을 간직하면서 일반의 백성들과 더불어 호흡할 수가 있었다.

4) 선과 불립문자

일반적으로 선의 종지에 대하여 불립문자(不立文字) 교외별전(敎外別傳) 직지인심(直指人心) 견성성불(見性成佛)이라는 말로 표현한다. 이 말은 송대에 정형화된 구절로서 선의 상징과 속성과 성격을 가장 잘 표현한 언구 가운데 하나로 통한다. 이 사구에 드러나 있듯이 선의 본질은 언설로써는 제대로 표현할 수가 없다는 의미이다. 곧 선의 경우에 자신의 체험을 통한 이해, 나아가서 깨달음이 강조되고 있는 까닭이 여기에 있다. 그 때문에 선의 경지는 언어도단(言語道斷)이고 심행처멸(心行處滅)이라고 말하기도 한다. 결국 이 표현마저도 언설의 흔적을 수반하고 있기 때문에 선에 대하여 딱히 뭐라고 언급할 수는 없다.

그럼에도 불구하고 선이 지니고 있는 상징적인 속성과 의미를 드러내기 위하여 다양한 표현을 강구해왔다. 이 경우에 선은 좌선의 수행을 통한 선자의 깨달음을 의미하는데 일찍이 석가모니의 경우에는 그것을 정법안장(正法眼藏)이라고 말해왔다. 정법안장은 석가모니가 깨달은 내용의 핵심으로서 깨달음 그 자체를 가리키는 말이다. 석가모니는 바로 이 정법안장을 마하가섭(摩訶迦葉)에게 이심전심(以心傳心)의 방식으로 전승하였고, 이후 인도의 역대 조사 및 달마를 거쳐 중국의 조사로 계승되었다는 것이 선종의 전등설이다. 이 경우에 정법안장은 언설이 아닌 심법으로 전승되어왔다는 특징이 있다.

그러나 그 심법마저도 결국에는 언설을 통한 사유를 말미암지 않을 수가 없기 때문에 궁극적으로는 언어도단의 경지를 언설에 의지하여 사유해야 한다는 역설적인 상황이 발생한다. 이와 같은 아이러니 때문에 선종에서는 불립문자를 강조하면서도 역설적으로 여타의 종파 못지않게 많은 문헌을 필요로 하였다. 그 문헌은 어디까지나 선자의 이해와 체험이 바탕이 되어 제자에게로 전승되어 온 까닭에 스승과 제자 사이에 일상에서 발생한 사건을 중심으로 전개되었다.

그 결과 스승과 제자의 일상적인 생활과 그 문답이 기록으로 남게 되었다. 이처럼 선어록은 일상의 기록이기 때문에 특별히 기획되거나 의도된 것이 아니라 사실 그대로의 성격이 강하다. 또한 스승과 제자의 생활과 문답에 대하여 제삼자가 기록한 것이기 때문에 기록한 사람의 안목이 또한 중요하다. 이렇게 출현한 선어록은 조사선의 발전과 더불어 가능하였다. 조사선에서는 반드시 스승과 제자가 도제교육의 방식으로 전개되는 면수(面授)였을 뿐만 아니라 스승의 마음이 제자의 마음에 전승되는 이심전심의 행위를 통하여 석가모니의 정법안장이 스승과 제자에게로 이법인법(以法印法)의 방식으로 계승되었기 때문이다. 이 경우에 정법안장을 수수(授受)하는 사자상승(師資相承)이 가능하기 위해서는 스승과 제자가 모두 석가모니의 정법을 감당할 수가 있어야 하기 때문에 이들 정법안장을 전승하는 스승의 권위가 어느 시대보다도 높았다. 이처럼 정법안장을 수수하는 이상적인 인물로 소위 조사(祖師)를 내세웠다. 따라서 조사선에서 스승의 행동과 말씀이 석가모니에 비견될 정도로 높은 권위가 부여되자, 그 스승의 행동과 말씀은 그대로 제자들의 전범이 되었는데, 그에 대한 기록이 소위 어록의 형태로 전개되었다.

이에 조사선풍이 크게 전개되었던 중국의 중당 시대부터는 이와 같은 조사들의 말씀이 언설로 기록되면서 불교의 성전과 동일한 가치와 의의를 부여받았다. 그 때문에 각 문중에서는 조사의 말씀을 편찬하여 간행함으로써 그 가르침을 보급시키고 전승하며 현창하고 문중의 세력을 과시하는 수단으로 활용하였다. 따라서 대부분의 문중에서는 조사의 어록을 금과옥조처럼 간주하여 스스로 권위를 부여하여 화려한 책자로 만들어 보관함으로써 시대가 흐를수록 수많은 어록집이 적집되고 간행되었다. 이러한 어록은 점차 공안집의 형식을 출현시킴으로써 새로운 선수행법인 공안선(公案禪)의 출현으로 전개되기도 하였는가 하면, 언어문자에 얽매이는 경향으로 흘러가면서 때로는 문자선(文字禪)의 폐해에 빠지기도 하였다.30)

당대부터 등장하기 시작한 선어록은 신라 말기부터 선법의 한국전래와 함께 수입됨으로써 선법의 정착은 물론이고 선문의 형성에도 일조하였다. 고려 초기까지는 한국선의 전개에서 일방적으로 수입된 어록에 의지하였지만, 고려 중기부터는 한국선에서도 자생적으로 어록이 출현하게 됨으로써 한국적인 선법의 발전을 도모할 수가 있었다. 9세기 말 위앙종풍으로부터 전승되

---

30) 대혜종고는 당시에 팽배해져 가던 문자선의 폐혜를 비판하면서 스승인 원오극근이 편찬했던 『벽암집』 6권을 불살라버렸다. 그러나 대혜 자신도 이후에는 결국 또 다른 공안집에 해당하는 『정법안장』 6권을 저술하여 공안선의 현창에 기여하였다.

기 시작한 중국의 선종오가는 이후로 고려 중기까지 조
동종, 법안종, 운문종, 임제종 등이 모두 전래되면서 당
대, 오대 및 송대의 어록이 거의 대부분 수용되었다. 이
들 어록을 통하여 당대부터 스승과 제자의 선문답을 중
심으로 전개된 조사선풍은 송대에 들어서는 점차 어록
으로부터 추출된 공안을 중심으로 문자선이 유행하게
되었다. 특히 북송시대부터 점차 출현하기 시작한 공안
집의 유행은 고려시대에 이와 같은 선풍을 크게 진작시
켜주었다.31)

　　그 가운데 지눌에 의하여 교학과 더불어 보편화가 수
반되었던 선사상은 대혜의 어록을 통하여 간화선(看話
禪)의 수행법이 소개되었고, 이후에 진각혜심에 이르러
본격적으로 전개되면서 무자화두(無字話頭)를 참구하는
방식이 더욱 세련되게 개발되어 간화일문(看話一門)에
의한 한국적인 간화선법의 토대가 구축되었다.32) 그러

---

31) 북송시대의 공안집에 해당하는 『景德傳燈錄』을 비롯하여 『投子頌古』, 『
丹霞子淳頌古』, 『雪竇頌古』, 『宗門撫英集』, 『宗門統要集』, 『汾陽頌古』 『
先賢一百則』, 『大別一百則』, 『頌古大別三百則』 등은 이후에 편찬된 『禪
門拈頌集』, 『宗門圓相輯』, 『重編曹洞五位』, 『禪門寶藏錄』 등에 널리 인
용된 문헌들이다.

32) 당대 이후 오대 및 송대를 거치면서 중국의 조사선은 어록의 출현을
계기로 수많은 공안집이 유행하였다. 이와 같은 같은 공안집 가운데 공
안을 선택하여 그 전체를 참구하는 방식으로 전개된 公案禪은 다시 文
字禪과 看話禪으로 분류된다. 문자선은 공안에 대하여 擧, 徵, 拈, 代,
別 등의 형식을 통하여 선자가 비평을 가함으로써 공안을 재해석하고
선리를 천양하며 제자들을 접화하는 수단으로 활용하는 선풍을 말한다.
이에 비하여 간화선은 공안 가운데 특수한 구절을 선택하여 거기에 마
음을 집중함으로써 공안을 의심하고 끝내 타파함으로써 깨달음에 도달
하려는 선풍으로서 話頭禪이라고도 한다. 이런 점에서 공안선의 시작은

나 고려시대 선법은 간화선뿐만 아니라 문자선의 유행
이 활발하였다. 문자선은 어록이 중심이 되어 재편된
공안집을 중심으로 삼아 선자가 자신의 수행방편 뿐만
아니라 제자의 교화수단으로 활용하기 위하여 주어진
공안에 의지하고 거기에다 자신의 견해를 피력하여 수
시(垂示), 평창(評唱), 송(頌), 착어(著語) 등으로 비평
을 가하여 새롭게 주석을 가함으로써 선문답을 염롱하
는 방식이었다.33) 그 결과 중국선의 경우에 초기에 불
립문자를 표방하면서 출발했음에도 불구하고 수많은 언
설을 의지할 수밖에 없었던 조사선의 전통은 불리문자
(不離文字)이고, 나아가서 반드시 문자에 의지하지 않
으면 안 되는 수의문자(隨依文字)라는 문자선 내지 간
화선의 전통으로 전개되지 않을 수 없게 되었다.

그러나 여전히 선과 언어문자는 서로 불가즉(不可卽)
및 불가리(不可離)의 관계로서 양립할 수밖에 없다. 이
런 까닭에 일찍이 달마는 선과 언설의 관계에 대하여
자교오종(藉敎悟宗)이라는 말로 표현하였다. 이것은 선

당대부터 전승되었지만, 그것이 문자선으로 전개된 것은 당말·오대 및
송대에 크게 유행함으로써 頌古 및 拈古 등의 형식으로 공안이 염롱되
었고, 이후에 간화선으로 전개된 것은 송대 중기에 특정한 공안 곧 화두
에 대하여 그것을 의단으로 삼아서 모든 의식을 집중함으로써 깨달음의
수단으로 활용된 경우였다. 고려 중기에 지눌에 의하여 수입된 간화선은
이후 혜심에 의하여 크게 보완되고 발전됨으로써 후대까지 전승될 수
있었다.
33) 垂示는 公案 곧 本則에 대한 전체적인 대의이고, 評唱은 공안에 대한
구체적이고 자세한 배경설명이며, 頌은 공안의 내용을 운문의 형식으로
드러낸 것이고, 著語는 공안의 구절마다 붙인 짤막한 주석이다.

의 종지야말로 반드시 경전에 의거하지 않으면 안 된다
는 것이었다. 이것이 후대에 선종의 내부에서 수행과
깨침과 교화에 대하여 다양하고 세련된 모습으로 수많
은 기관(機關)이 계발되어 활용되었던 것은 부득이하게
도 불완전하나마 문자의 기록물인 어록에 의지하여 전
승되는 까닭이었고 결과였다.

　이와 같이 어록에 의지한 선풍은 간화선의 전통과 함
께 조선시대에 수행방식으로 전개되면서도 기실 문자선
의 폐풍으로 흘러가지 않을 수 없었다. 그 때문에 선문
답이 지니고 있는 생기발랄한 법거량의 현창이 지속적
으로 활발하게 계승되지 못하고 어록이라는 문자의 기
록에 바탕한 공안에 대하여 선자 개인의 견해를 통해서
비평하는 전통으로 굳어졌다. 이런 까닭에 일상의 생활
에서 스승과 제자 사이에 이루어진 문답으로부터 출발
했던 선어록은 점차 선종의 전개와 더불어 정형화된 공
안의 기록을 중심으로 전승되었다. 특히 한국선의 경우
에는 중국의 어록이 거의 그대로 전승되었지만 조선시
대에는 점차 사기 및 문집의 모습으로 흘러가면서 선리
및 선론에 대한 천착으로 정착되어 갔다.

제3장 묵조선과 간화선의 수행

1. 선과 수행

선은 붓다가 깨침을 터득한 방식으로 채택한 것으로부터 비롯한다. 붓다는 오랜 세월 동안 갖가지 수행을 두루 경험한 후에 궁극으로 선의 수행을 통하여 연기법을 터득함으로써 깨침을 얻었다. 붓다의 깨침 가운데 하나가 연기법이라면 그 방법은 선이었다. 붓다의 이와 같은 선수행은 좌선주의가 기본이 되었는데, 이것은 요가수행으로부터 선정주의로의 변화였다. 그 선법은 6세기 초에 보리달마(菩提達磨)를 통하여 중국에 전래되었다. 보리달마는 특히 인간이 지니고 있는 고유한 본성을 중시하고 그 잠재적인 능력을 좌선(坐禪)을 통하여 드러내고자 하였다.

이와 같은 전통은 이후 당나라 시대에 소위 조계혜능(曹溪慧能: 638 - 713) 및 대통신수(大通神秀: 606 - 706)라는 걸출한 인물을 배출함으로써 중국적인 발판을 마련할 수 있었다. 이후 조계혜능의 선법은 소위 남종선(南宗禪 : 조계혜능의 선풍을 기반으로 하여 형성된 돈오선풍을 말한다)으로 계승되었고, 대통신수의 선법은 소위 북종선(北宗禪 : 대통신수의 선풍을 기반으로 하여 형성된 돈오점수의 선풍을 말한다)으로 계승되었다. 그러나 남종선법의 발전으로 말미암아 북종선법은 점차 자취를 감추어버리자, 남종선법을 중심으로 조사선법이 크게 발전하였다. 소위 조사선이란 인간이 본래부터 구비하고 있는 순수하고 청정한 바탕을 좌선수행을 통하여 깨치고 그것을 일상의 생활속에서 실현하는 선풍을 가리키는 말이다.

이로써 당나라 시대에 크게 발전했던 조사선의 가풍은 다양한 종파의 출현으로 나타났다. 이를테면 위앙종 · 임제종 · 조동종 · 운문종 · 법안종의 순서로 다섯 종파가 9세기부터 10세기에 걸쳐 형성되면서 공전절후의 황금시대를 구가하였다. 이 가운데 임제종과 조동종에서는 각각 300여 년이 지난 송대에 간화선(看話禪)과 묵조선(黙照禪)이라는 새로운 선수행법을 창출하였다.

묵조선이 좌선(坐禪)을 통한 선수행이라면, 간화선은 화두(話頭)를 통한 선수행이다. 그래서 묵조선이 좌선을 통하여[只管打坐] 자신의 본증(本證)을 자각하는 수행법인 반면에, 간화선은 스승이 화두를 제기하여 제자로 하여금 화두를 보게끔 하는 선수행이다.

간화선은 제자가 스승에게 화두를 들어 질문하는 형식을 통하여 그 답변의 행위에서 스스로 어떤 의미와 행위를 터득하는 선수행이기도 하다. 이런 점에서 화두는 깨침으로 나아가기 위한 도구이면서 스스로가 타파해야 하는 도구의 대상이기도 하다. 곧 화두는 한편으로 도구로서 유지해야 하는 것이고, 또한 한편으로 그 자체를 타파해야 하는 대상이기도 하다. 이것이 화두가 지니고 있는 양면성이다. 이 양면성은 선종 자체에서 일어나는 변질 내지 변혁의 과정과 그것에 대응하기 위한 방식으로 표출되어 갔다. 곧 수행과 깨침에 대한 입장 내지 견해와 자체의 입장을 견지하기 위한 모색으로 나타났다. 입장 내지 견해의 차이는 당나라 말기의 선풍의 흐름에서 나타났고, 자체의 입장을 견지하기 위한 것은 송대에 선수행법의 차이와 당시 선종계의 폐풍에서 나타났다. 전자가 종적인 이유라면 후자는 횡적인 이유이다. 후자의 경우에 다시 묵조선법에 대한 것과 당시 선종계의 일반적인 폐풍에 대한 것을 들 수가 있다. 이와 같은 세 가지 점이 각각 간화선의 대두 내지 성립의 배경과 관련되어 있다.

깨침의 과정을 번뇌로부터 벗어난다는 이념(離念)에 두었던 북종의 주장에 의하면, 모든 인간은 본질적으로 청정하고 진실하며 평등하다는 것이었다. 그럼에도 불구하고 번뇌에 찌들어 있기 때문에 그 번뇌를 좌선수행을 통하여 벗어나지 않으면 안 된다는 것이었다. 그러나 본래 번뇌가 없다는 무념(無念)을 강조했던 남종의 선자들은 본래의 청정성 그 자체에 입각해 있기 때문에 아예 본래부터 번뇌가 없다는 입장으로서 벗어나야 할 번뇌가 본래 없다는 주장을 하였다.

이것을 이념과 무념으로 설명하자면 분별의식의 상념을 그친다는 의미에서 북종선이 이념을 주장했다는 것에 상대하여, 남종선은 본래적인 분별의식의 부정에서 출발하는 무념을 설한다. 이념은 비유하면 거울의 때를 없애는 입장이라면 무념은 거울에 본래 없애야 할 때가 없다는 입장이다.

이념과 무념의 이와 같은 입장은 어느 점을 강조하느냐에 따라 그 수행방식의 차이로 나뉘었다. 간화선 성립의 종적인 원인으로 당나라 시대에 일반적으로 수용되고 있던 남종선에서 수행과 깨침에 대한 하나의 부정적인 견해를 들어볼 수가 있다. 그것은 본래의 순수한 삶의 모습 그대로가 부처이며 깨침이고 선이라는 의미의 즉심시불(卽心是佛 : 평상심 곧 청정심에 계합되어 있는 상태가 그대로 부처라는 입장)에 대한 오해에서 비롯된 것이다. 이것은 일상의 생활에서 번뇌가 없이 인간의 청정한 본성 그대로 살아가는 선의 입장을 가리키는 것이다. 그런데도 불구하고 당나라 말기에 이르면 국가의 혼란과 더불어 점차 보통 중생들이 욕심부리고 화내며 어리석게 살아가는 것을 그대로 무사선(無事禪 혹은 平實禪)이라는 이름으로 잘못 간주하는 추세로 흘러갔다.

이와 같은 폐풍을 바로잡고 무사선 본래의 순수한 입장으로 돌아가려는 움직임이 송대에 들어와 활발하게 나타나기 시작하였다. 그 직접적인 이유는 당대에 최고조로 발전한 선사상이 수백 년이 흘러가자 후대로 갈수록 더 이상 새로운 사상으로 발전하지 못하고, 이전의

사상에 안주하면서 형식적 내지 의례적인 추세의 시대
가 되었다. 따라서 그와 같은 시대에 이전의 순수한 선
풍을 되살리고 계승하려는 움직임이 소위 묵조선과 간
화선의 출현이었다. 일반적으로 묵조선은 오로지 좌선
수행을 하는 것으로 수행과 깨침이 불이(不二)임을 강
조함에 비하여, 간화선은 깨침을 중시하여 그것에 도달
하기 위한 방법으로 화두를 드는 것이기도 하다.

묵조선과 간화선의 입장은 그 출현 배경과 속성에 있
어서 수행[좌선]과 증득[깨침]의 관계를 어떻게 간주하
느냐 하는 수증관의 차이에 잘 드러나 있다. 가령 일체
중생에게 본래부터 구비되어 있다고 간주하는 자성청정
심이 그대로 부처라는 즉심시불(卽心是佛: 평상심에 계
합하는 것이 바로 부처라는 말)의 사상을 어떻게 간주
하고 적용할 것인가에 대한 입장에서 양자의 차이점을
설명할 수가 있다.

첫째는 본래청정한 자성이 그대로 부처이므로 그로부
터 실현되는 일체의 행위는 그대로 깨침의 드러남이다.
둘째는 본래청정한 자성이 그대로 부처이므로 그에 상
응하는 모종의 수행이 필요하다. 그 수행은 다름아닌
좌선으로서 좌선이 있는 곳에 깨침이 드러나 있다. 셋
째는 본질적으로는 본래청정한 자성이 그대로 부처이지
만 우리가 살아가고 있는 현실은 아직 중생의 상태이기
때문에 중생의 모습을 벗어나서 깨침으로 나아가야 한
다는 것이다.

이 가운데 첫째의 경우는 당나라 시대에 조사선풍이 발흥하던 선풍의 일반적인 모습이다. 가령 임제종의 개조인 임제의현의 말을 빌리자면 깨침은 애써 노력할 필요가 없이 다만 일상의 생활에서 피곤하면 잠을 자고 배고프면 밥을 먹으면 그만이라는 것이다.

둘째의 입장은 그와는 약간 다르다. 순수하고 청정한 바탕이 본래부터 갖추어져 있기 때문에 그와 같은 도리를 좌선이라는 수행을 통하여 구현하지 않으면 안 된다는 것인데, 이것이 곧 묵조선의 입장에 해당한다.

나아가서 셋째의 경우는 본래부터 부처와 동일한 자성이 개개인에게 구비되어 있지만 현실적으로는 중생으로 살아가고 있기 때문에 수행을 통하여 본래부터 청정한 자성을 회복해야 한다는 것인데, 이것이 곧 간화선의 입장에 해당한다.

이들 세 가지 경우는 모두 본래부터 청정한 자성을 구비하고 있다는 점에서는 모두 동일하다. 그러나 묵조선은 둘째의 입장을 취하면서 또한 첫째의 입장도 계승하고 있다. 둘째가 깨침을 얻기 위한 수행의 필요성을 강조함에 비하여 첫째는 깨침을 얻기 위한 수행마저 필요치 않다는 입장이다. 곧 간화선의 입장은 반드시 깨침을 위한 수행의 필요성을 강조함에 비하여, 묵조선의 입장은 깨침을 얻기 위한 수행은 필요하지 않고 본래부터 깨침이 구비되어 있다고 자각하는 것이다.

간화선과 묵조선 사상의 바탕이 되었던 이와 같은 즉

심시불이란 본래 당나라 시대에 순수한 선풍으로 출발하였다. 즉심시불에서 즉심은 본래의 청정한 마음에 계합된 행위를 말하고, 시불은 즉심의 결과가 드러난 것을 말한다. 그러나 송대에 와서는 즉심시불에서 시불이라는 그 결과에만 집착하여 본래의 즉심이라는 행위를 무시해버리는 풍조에 빠졌다. 이러한 시대에 당대의 순수한 조사선풍을 회복하려는 자각이 싹트면서 점차 즉심시불에 대한 잘못된 이해를 초극하려는 노력이 전개되었는데, 그것이 즉심시불의 둘째와 셋째의 입장에 해당하는 것으로서 각각 묵조선과 간화선으로 출현되는 배경이 되었다.

2. 묵조선과 좌선

일반적으로 방편수행(方便修行 : 예비적인 수행)의 성격은 본격적인 수행으로 나아가기 위한 예비조건으로서 수행의 여건을 조성하는 것에 해당한다. 가령 한적한 장소를 선택한다든가 선지식을 찾는다든가 음식과 수면을 조절한다든가 지계(持戒)를 청정하게 실천한다든가 번거로운 반연을 멀리하는 것들이 이에 해당한다. 그리고 정수행(正修行 : 본격적인 수행)의 성격은 인간에 내재하는 본래의 자성 내지 불성에 대한 자각으로서 좌선과 명상을 통하여 본래적인 청정한 자성을 통찰하고 체득하는 것이 이에 해당한다. 다른 측면으로 말하자면 인간이 지니고 살아가는 고뇌의 원인을 불교에서는 무명이라 말하는데, 그 무명을 제거해 나아가는 행위가 이념(離念)의 측면이라면, 그 무명의 실상을 깨치는 것은 무념(無念)의 측면이다. 무명이라는 것은 무지가 아니다. 인간에게는 살아가는데 필요한 번뇌가 있는데 오히려 그것이 진리의 인식을 가져오는 계기가 되기도 한다.

이와 같은 근거를 토대로 생각해 볼 경우에 소위 남종계통의 선법은 지나치게 돈오법과 본래성불을 강조한 까닭에 당대 말기에 이르러서는 즉심시불에 대한 잘못된 이해에 대하여 새로운 선수행이 출현할 소지를 내포하고 있었다. 곧 자신의 중생적인 행위가 그대로 부처의 행위와 동일하다고 오해하는 경우가 이에 해당한다. 그것은 시대가 흘러가면서 나타난 갖가지 폐해와 부작용이 많은 선자들에게 다시금 각성의 계기를 만들어주기에 충분하였다. 그 가운데 송대의 대혜종고는 당시에 성행하고 있던 선수행의 부정적인 요소들에 대하여 지적하고 있다. 이것은 출가수행자 뿐만 아니라 사대부를 중심으로 한 재가인에게까지 적극적으로 파고들어 선법을 널리 보급시키려는 일환으로 선이 일상생활에서 어떤 방식으로 수행되고 터득되어야 하는 가에 대하여 고구정녕하게 설한 것이다.

반면 동시대의 굉지정각에 의한 현창된 묵조선의 경

우는 수행하는 그 자체에 깨침이 있다고 주장하는 것이
다. 곧 간화선의 좌선이 깨치기 위한 수단으로서 어디
까지나 깨침을 목적으로 하고 있음에 비하여, 묵조선의
좌선은 수단이 아니라 좌선이 깨침이라는 목적 그 자체
로서 간주되는 까닭에 이미 깨친 상태의 경지에서 수행
하는 좌선이었다. 그 때문에 묵조선은 좌선지상주의의
입장에 해당한다. 그리하여 간화선의 입장이 깨침을 겨
냥한 수행의 필요성을 강조함에 비하여, 묵조선의 입장
은 새로운 깨침을 위한 수행마저 필요하지 않다는 입장
이다.

묵조선의 사상적인 배경에는 위에서 언급한 바처럼
당대의 순수선으로 되돌아가려는 것이지만, 초기의 선
종 그대로 되돌아가자는 것이 아니라 즉심시불에 대한
오해를 벗고 본래적인 의미에서의 즉심시불의 참정신을
계승하려는 움직임이었다. 그래서 여기에서 순수선이란
전통적인 수행을 계승하면서 당시 송대의 선종동향에서
새롭게 수행의 의의를 다지는 행위로 거듭난다는 의미
인데, 이것이 바로 묵조선이 겨냥한 수행풍토였다.

이것은 앞서 언급한 즉심시불에 대한 오해를 제대로
되돌리려는 것만큼이나 시급한 문제였다. 이것은 갖가
지 수행을 통하여 깨침을 터득하는 입장이라기보다, 오
히려 깨침이 본래부터 갖추어져 있다는 것을 터득하는
방식이 무사선(無事禪)은 분별과 집착과 조작의 번뇌가
없는 순수한 입장의 선풍을 의미한다. 그러나 시대가

내려가면서 무사선에 대한 오해로 인하여 아무런 행위와 노력이 없이 몰지각한 상태를 가리키는 뜻으로 활용되기도 하였다)의 본래성을 회복하는 순수선의 방식임을 말해주는 것이기도 하다. 즉심시불에 대한 오해의 폐해를 극복하는 방법 가운데 하나는 그것을 벗어나 새로운 방법을 제시하는 경우가 가능하고, 다른 하나는 진정으로 무사선의 본래성에 뛰어들어 그 본질을 다시 확인시켜 나아가는 경우의 방법이 있다. 이 가운데 전자가 간화선의 출현을 이끌어낸 방식이었다면, 후자는 묵조선의 출현을 이끌어낸 방식이다. 그만큼 묵조선의 출현방식에서 그 사상적인 배경은 즉심시불에 대한 올바른 이해, 나아가서 즉심시불에 대한 철저한 자각을 바탕으로 삼고 있다.

그 철저한 자각의 방식은 바로 즉심시불의 현실화를 도모하는 것이다. 곧 즉심시불의 진면목을 일상의 모든 행위에서 알아차리고 실천하며 적용하는 것이다. 그 구체적인 행위란 현재 그 자리에서 자신의 몸과 자신의 호흡과 자신의 마음에서 구현되는 것이 되지 않으면 안 된다. 이러한 입장에서는 지금의 그 자리에서 이루어지고 있는 일거수일투족 낱낱의 행위가 즉심시불의 구현으로 간주되어야 한다. 이것을 체험하기 위한 방법으로 우선 제자리에 앉아서 이전의 불조들이 행했던 방식을 그대로 인정하는 것이 필요했다.

이후 북송 말기부터 남송 초기에 걸쳐 살았던 대혜종

고(大慧宗杲: 1089 – 1163)와 굉지정각(宏智正覺: 1091 – 1157)은 각각 임제종과 조동종의 조사로서 간화선과 묵조선을 대성시켰던 인물이다. 굉지정각은 진헐청료(眞歇淸了: 1088-1151)와 더불어 본격적인 묵조의 선풍을 전개했던 인물이다. 진헐청료와 굉지정각은 모두 단하자순의 제자로서 조동종에 속하는데, 그 법계는 동산양개 – 운거도응 – 동안도비 – 동안관지 – 양산연관 – 대양경현 – 투자의청 – 부용도해 – 단하자순 – 진헐청료 및 굉지정각으로 이어졌다.

진헐청료의 선풍과 더불어 묵조선의 형성에 본격적이고 주체적인 역할을 한 인물이 굉지정각(宏智正覺: 1091-1157)이었다. 굉지는 조동종의 종지를 새로운 묵조선이라는 선법을 주창하여 그 의의를 부각시켰다. 이러한 시대에 굉지는 천동산을 중심으로 그 자신의 독특한 교화를 펼쳤는데 그것이 묵조수행의 가풍으로 전개되어 나아갔다. 곧 묵과 조라는 말을 가지고 자기의 선풍을 고취시킨 것은 바로 굉지정각이었다. 굉지는 묵과 조라는 말에 의해서 드러내려고 하였다. 묵(黙)이 몸으로 하는 좌선의 모습이고 침묵이라면, 조(照)는 생생하게 깨어있는 마음의 작용이고 무분별의 지(知)에 대한 자각이었다.

따라서 그의 「묵조명(黙照銘)」에 나타나 있는 묵조(黙照)는 묵(黙)과 조(照)로 구성되어 있다. 여기에서 묵과 조가 일여하게 될 때가 바로 묵조선의 현성이다.

이것은 본증의 현성 내지는 자각의 의미이다. 그 때문에 묵조선의 구조는 본증자각을 설하고 있는 것으로서 그 중점이 바로 깨침의 세계 곧 부처의 세계에 맞추어진다. 본증의 자각이기 때문에 그 깨침과 깨침에 도달하는 방법과 수행이 동시이고 하나이다. 그래서 묵묵하게 좌선을 할 때에 그대로 깨침의 세계가 현현한다. 그 세계는 새로운 것이 아니라 자신이 원래부터 도달해 있는 세계이다. 그래서 묵조는 묵으로서의 좌선의 수행과 조로서의 현성된 깨침을 달리 보지 않고 깨침이 본래부터 구족되어 있음을 설하고 있다.

3. 묵조선의 수행

1) 좌선의 수행[只管打坐]

묵조선 수행의 요체는 애당초 깨침이 완성되어 있다고 간주하는 본증(本證)의 경지를 좌선이라는 행위를 통하여 자각(自覺)하는 것에 있다. 본증은 말 그대로 선천적으로 이미 모든 것이 완성되어 있다는 의미이다. 깨침마저도 벌써 완성되어 있어 후천적으로 수행을 통해서 미혹으로부터 깨침을 터득한다는 것과는 입장이 똑같지는 않다.

그렇다고 하여 숙명론이나 기계론과 같이 우리의 자

유의지가 무가치하다는 것은 아니다. 왜냐하면 본증의 의미로서 이미 완성되어 있다는 것은 그와 같은 가능성이 내포되어 있을 뿐만 아니라 그 가능성이 항상 누구에게나 열려 있다는 의미이기 때문이다.

그래서 흔히 생각하듯이 어떤 수행을 통해서 미혹한 자신이 이전에는 없었던 깨침을 새로 얻어간다는 의미가 아니라는 것이다. 전혀 없었던 것이 수행을 통해서 새로이 생긴다는 것은 더욱 어불성설이다. 아무리 수행을 통해서 깨침을 얻는다고 할지라도 궁극적으로는 자신의 내면에 깃들어 있는 깨침의 요소 곧 본래부터 완성되어 있는 불성이 인연을 만나 꽃이 피듯이 발양되는 것이다.

실로 아니 땐 굴뚝에는 연기가 나지 않듯이 아무런 인연도 없이 존재하는 것은 없다는 것이 불교의 상식이다. 상식을 무시하고는 어떤 것도 성립할 수가 없다. 아는 사람에게는 상식일 수 있어도 그것을 모르는 사람에게는 고차원적인 지식으로 간주될지도 모른다. 그러나 상식에서 벗어나는 것은 불교가 아니고 선도 아니다. 단지 모르고 있을 뿐이지 애초부터 우리 곁에 늘상 있어 왔다. 곧 본증이란 그와 같이 이미 완성되어 있는 것을 의미하는 것이다. 곧 그것을 자기 것으로 만들어 가는 행위가 자각이다.

자각이란 불성을 가지고 말하면 행불성(行佛性 : 불성의 현성으로서 불성이 현재 작용하고 있는 상태)에 해당한다. 이불성(理佛性 : 불성의 도리로서 불성이 구비되어 있는 상태)이 흔히 말하는 모든 중생은 부처와 동일한 불성을 지니고 있다는 일체중생실유불성(一切衆生悉有佛性)의 의미라면, 행불성은 그 불성이 직접 당사자에 의해서 체험되고 실현되는 것이다. 이것이 본증자각(本證自覺)이다.

본증자각은 제아무리 지식을 통해서 이해를 한다해도 저절로 터득되는 것은 아니다. 몸소 느껴야 한다. 그 방법이 다름아닌 좌선이라는 행위이다. 그래서 좌선은 수행의 전부이다. 이때의 좌선은 더 이상 수행만을 의미하는 것이 아니다. 좌선 그 자체가 깨침을 드러내는 행위이기 때문에 여기에서의 좌선은 곧 깨침이다. 깨침으로서의 좌선이다.

좌선이 깨침의 형태라면 깨침은 좌선의 내용이다. 더 이상 좌선과 깨침이 다른 것이 아니다. 이것을 지관타좌(只管打坐)라고 하는데, 이 용어는 '오직 앉아있을 뿐'이라는 뜻이다. 앉아있는 것이 깨침 그 자체이기 때문에 앉아 있다는 사실이 다름아닌 그대로가 깨침으로서의 좌선이다. 그냥 몸으로만 앉아 있는 것이 아니다. 깨침의 내용이 몸의 좌선으로 드러나 있는 것이다.

이런 점에서 좌선은 수행이면서 동시에 깨침이다. 바로 이 좌선의 형식은 가부좌라는 모습으로 나타난다. 여기에서는 가부좌라 해도 두 다리를 겹쳐 앉는 몸의 형식으로서의 앉음새만이 아니라 안으로 마음의 형식에 이르는 가부좌이다. 따라서 여기에서는 우선 본증자각의 근거가 되는 가부좌이다.

가부좌의 첫째 의의는 앉음새의 형식에 있다. 형식을 떠나서는 좌선이란 있을 수 없다. 형식을 떠난 좌선이란 단순한 형이상학의 철리에 불과하다. 그래서 묵조선에서의 좌선을 달리 앞서 말한 지관타좌라고도 한다. 앉아 있는 모습 그대로가 좌선이고 좌선 그대로가 깨침의 현성으로 간주된다.

좌선의 형식에 대해서 여러 좌선하는 방법의 책에서 누누이 강조하고 있는 것은 비단 초심자에만 한정되는 것은 아니다. 숙련된 자의 경우야말로 그 숙련의 경지가 올곧하게 좌선이라는 형식으로 통해 드러나기 때문이다. 그래서 불법은 다름아닌 우리가 행하는 행동거지 그대로의 모습으로서 불법즉위의(佛法卽威儀 : 불법 곧 깨침이란 일상의 생활과 행위의 모습 그대로임을 가리킴)를 말한다. 특히 묵조에서 좌선은 묵과 좌 그리고 조와 선이 동일시되는 입장이므로 좌선이라는 앉음새 자체가 묵조이다.

다음 가부좌의 둘째 의의는 관조하는 것이다. 단순히 앉은 상태로 묵묵하게 있는 것이 아니다. 묵묵히 앉아 있되 이 묵좌는 좌선과 침묵을 통하여 마음이 생생하게 깨어있는 상태로서 삼천대천세계에 편만하는 묵좌이다. 곧 조가 수반되는 묵이기 때문이다. 그래서 [묵조명]이라는 글에서는 묵과 조의 관계를 제대로 살펴야 한다고 말한다. 이에 묵좌는 묵조의 좌이므로 단순한 침묵만의 좌가 아니다. 이것은 몸의 좌이면서 동시에 마음의 좌이기 때문이다. 따라서 가부좌의 첫째 형식은 여기에서 바로 내용의 관조로 이어진다. 관조가 없는 형식의 좌는 한낱 형식일 뿐이다. 그래서 다시 「묵조명」에서는 곧 묵조 가운데에서 조를 상실한 묵이라면 그것은 곧 혼침과 미혹이 밀려들어 자신을 엉망진창으로 만들어버리고 만다고 말한다.

그러나 묵과 조가 합일하게 되면 그 경지는 마치 수행의 결과가 성인의 모습으로 나타나는 원만보신의 노사나불 경지가 되어 수행과 깨침의 합일이 나타난다. 이것을 굉지정각은 연꽃이 벙글어 피는 모습으로서 꿈에 취해 있는 자가 꿈을 깨는 도리와 같다고 표현하였다. 곧 묵조좌선을 하는 수행인의 경지는 곧 사바세계에서 꿋꿋이 연꽃이 피어나듯이 미몽의 중생을 벗어나 꿈을 탈각하듯이 무상(無上)의 경계가 된다고 하였다. 이것은 가부좌의 형식이 그 내용으로서의 관조에까지 다다른 것을 나타낸 것으로서 부처로부터 조사에게로 올바르게 전해진 정전(正傳)의 삼매에 안주하여 최상의 깨침에 이르는 것을 말하고 있다.

가부좌의 셋째 의의는 묵조가 완전의 작용으로 현성된 모습이다. 이것은 묵과 조가 상대적인 입장에 놓여 있으면서도 상대성을 뛰어넘은 입장으로 바뀌며, 제각각의 입장에서 전체의 입장으로의 사고전환이다. 따라

서 가부좌는 특별한 무엇으로 규정되어 있는 것이 아니
다. 형식과 내용의 구분이 엄밀하게 존재한다고 규정해
버리면 깨침은 필연성이 아니라 목적성이 되어버린다.
가부좌는 본래의 자기가 현성하는 것일 뿐이다. 일상의
모든 사사물물이 다 가부좌의 구조 속에서 본래의 자기
체험으로 다가온다. 그리하여 주변의 어느 것 하나 가
부좌의 현성 아님이 없다.

가부좌는 부단한 깨침의 체험으로 연속되어 간다. 과
거의 깨침의 체험과 미래의 깨침의 체험이 따로 없다.
지금 그 자리에서의 깨침이다. 깨침에는 전·후가 없다.
처음과 끝이 완전하고 차별이 없는 전일적(全一的)인
입장이기 때문에 미혹한 중생의 입장에서의 고매한 깨
침과 진리를 통한 각자(覺者)의 입장에서의 일상적인
깨침 사이에 구분이 없다.

다음 가부좌의 넷째 의의는 수행과 더불어 깨침의 의
의를 함께 나타내준다. 가부좌의 의의는 묵조의 속성으
로 나타난다. 곧 묵조의 가풍은 주도면밀(周到綿密)을
그 특징으로 삼는다. 일상에서 이루어지는 낱낱의 행위
에 조금의 소홀함도 없다. 따라서 가부좌는 그대로 깨
침의 현현으로서 나타난 몸의 구조이고 마음의 구조이
다. 이러한 가부좌야말로 묵·조가 나타내는 일상성이고
본증성(本證性)이다. 그래서 굳이 깨침을 얻으려고 목
적하지 않아도 저절로 수행의 필연성이 구현되어 온다.

올바른 수행은 올바른 가부좌이고, 올바른 가부좌는

올바른 수행이며, 올바른 좌선은 올바른 깨침이다. 좌선 그대로가 깨침의 작용이므로 좌선으로 앉아있는 동안은 언제나 부처가 된다. 이것을 가리켜 일시좌선(一時坐禪)은 일시불(一時佛)이고 일일좌선(一日坐禪)은 일일불(一日佛)이라 한다. 곧 좌선이 곧 불[坐禪卽佛]이요 불은 곧 좌선[佛卽坐禪]이다. 이것이 지관타좌(只管打坐)로서 가부좌가 나타내는 본래적인 의의이다.

2) 깨침의 자각[本證自覺]

수행은 깨침과 무관하지 않다. 여기에서 무관하지 않다는 것은 수행 자체가 깨침과 동일한 의미를 지닌다는 말이다. 그래서 수행은 반드시 깨침을 목표로 하고 궁극에는 깨침이 이루어진다는 바탕에서 시작되고 끝나는 것으로 생각하는 경향이 있다. 그러나 이와 같이 수행이 깨치기 이전의 단계로서만 이해되는 수행은 올바른 수행이 아니다. 수행은 깨침의 이전단계로서 과정이 아니라 수행이 곧 깨침이기 때문이다. 이와 같은 수행과 깨침의 관계이면서도 새삼스레 수행이 필요한 까닭은 그러한 도리를 누구나 아는 것은 아니기 때문이다. 그러나 아는 사람은 안다. 이것이 자기인식 곧 자각이다. 그 인식의 대상은 무엇인가. 물론 자기이다. 그러나 그 대상으로서의 자기는 인식의 대상일 뿐이다. 더 이상 본래자기가 아니다. 본래자기는 인식의 대상이 아니다. 그냥 그렇게 자연적으로 어디에나 언제나 누구에게나 존재하는 법이연(法爾然)한 자기일 뿐이다.

그 때문에 그와 같은 본래자기를 터득하는 기술이 필요하다. 그 기술이 좌선으로서의 자각이다. 좌선을 통한 자각, 다시 말해 본래자기라는 심신(深信)의 수행이다. 따라서 좌선을 통한 자각의 수행이란 본래자기 곧 본래부처를 찾는 것이 아니다. 애초부터 구비하고 있는 본래자기 바로 본래부처를 닮아가는 행위이다. 곧 내가 부처를 닮아가고 부처가 나를 닮아가는 것이다. 나아가서 자신의 행위가 부처를 닮아가는 행위임을 자각하는 것이다.

이와 같은 본래불의 도리에 대하여 예로부터 그러한 깨침의 도리는 사람들마다 두루 갖추지 않은 바가 없다고 말한다. 이것은 본래부터 중생 누구나 본래자기라는 깨침을 갖추고 있다는 소위 본각문(本覺門 : 애초부터 깨쳐있는 본래성불의 입장)에 입각해 있다. 그러면서도 달리 일정한 노력을 통하여 깨침을 터득해가는 행위 곧 시각(始覺)을 통하여 본래부터 깨침의 행위 곧 본각(本覺)에 합치된다든가, 시각을 말미암아 비로소 본각에 합치된다고 말하기도 한다. 이것은 중생 누구나 본래자기임에도 불구하고 온갖 번뇌와 어리석음으로 인하여 본래자기라는 사실조차도 인식하지 못한다는 것이다. 따라서 처음부터 갖추고 있던 본래자기를 회복해야 하는 과제가 대두된다. 그것이 더욱더 수행의 필요성을 이끌어낸다.

　본래자기라는 인식이 필요하다는 것이 곧 시각문(始覺門 : 수행을 통하여 자각을 성취해나아가는 입장)의 입장이다. 그래서 누구나 역대의 조사들과 과거 현재 미래의 모든 부처의 가르침을 통하여 수행과 깨침에 대한 눈을 떠야 하고 그럴 수 있다고 말한 것이 곧 시각을 통하여 본각으로 나아간다는 것이다. 이러한 입장은 수행인이 본각의 도리를 구비하고 있으면서도 현실적으로는 그것을 드러내지 못하고 있는 것을 강조하고 있기 때문에 궁극적으로는 본래자기에 대한 심신(深信)의 자각이 반드시 필요하다.

　한편 묵조선을 크게 현창하고 체계화시킨 굉지정각은 모든 사람에게 불심이 본래부터 갖추어져 있다고 말한다. 그래서 범부가 바로 이 불심이 본래부터 갖추어져 있음을 모르고 밖의 경계에 대한 취사분별에 지배되고 있지만, 그러한 상황으로부터 벗어나 본래부터 갖추고 있는 깨침의 근본적인 원천을 원만하게 드러내 가는 과정이 바로 초심으로부터 자각에 이르는 수행과정이라 말한다. 각자 그 본래불임을 자각하는 수행을 통해서 본래부터 깨친 존재로서 부처를 닮아가는 행위가 수행이라 하였다. 이것을 다음과 같이 말한다.

　묵묵하면서도 자재하고 여여하여 반연을 떠나 있어

서 훤칠하게 분명하여 티끌이 없고 그대로가 깨침의 드러남이다. 본래부터 깨침에 닿아 있는 것으로서 새로이 오늘에야 나타난 것은 아니다. 깨침은 광대겁 이전부터 있어서 확연하여 어둡지 않고 신령스럽게 우뚝 드러나 있다. 비록 그렇다고는 하나 부득불 수행을 말미암지 않으면 안 된다.34)

여기에서 깨침의 자각이라는 수행의 본래적인 기능이 되살아난다. 곧 좌선수행이 그냥 앉아있는 것이 아니다. 묵묵히 앉아 마음은 텅 비고 깨침은 침묵 속에 밝게 드러난다. 그리하여 좌선수행에서는 마음의 수행 못지않게 몸의 수행이 강조되고 있기 때문에 몸의 좌선의 행위인 선정[定]과 마음의 깨침의 행위인 지혜[慧]가 동시에 나타난다. 곧 앉아있는 그 자체를 깨침의 완성으로 보기 때문에 좌선수행은 깨침의 형식이 아니라 깨침의 내용이고, 그 깨침은 좌선수행의 내용이 아니라 좌선수행의 묘용(妙用)이다.

이 좌선수행이 곧 깨침으로 성립하는 것은 반드시 심신(深信)이라는 경험이 바탕하고 있기 때문이다. 심신이란 나와 부처가 궁극적으로 동일하다는 것을 확신하는 행위다. 그 때문에 심신이 아닌 좌선수행은 단순히 앉아있는 자세일 뿐이고, 심신이 바탕하지 않은 깨침은 착각일 뿐이다. 바로 이 심신이 가장 강조된 것은 일찍

34) 『宏智禪師廣錄』 卷6, (大正藏48, p.74中)

이 보리달마의 법어로부터 등장하였다.

보리달마는 심신을 통한 벽관(壁觀은 달마좌선을 상징하는 용어로서 如是安心을 추구하는 면벽수행을 가리킨다. 벽은 객진번뇌의 상태로는 들어갈 수 없는 경지를 가리킨다)을 강조하였다. 달마는 교학을 부정하지 않고 교에 의하여 자각할 것을 말하였는데, 그것이 곧 자교오종(藉敎悟宗 : 경전의 가르침을 통하여 선의 종지를 깨치는 것으로서 달마의 수증관이기도 하다)이었다. 본래 깨침이란 교학에 의지해서 종지를 깨친다는 것이므로 거기에는 교를 매개로 하여 근본[宗]을 철견한다는 것이 포함되어 있다. 문자를 부정한다든가 여의는 것이 아니라 오히려 문자를 중요한 수단으로 활용하여 적극적으로 교내별전(敎內別傳)·불리문자(不離文字)를 말한 것이다. 경전에 의하여 종지를 깨친다는 자교오종에 의한 심신의 벽관은 필연적으로 깨침이 구현되어 있는 모습으로서 달마는 바로 그때 진리와 하나가 되어 분별을 여의고 고요한 무위에 도달한다고 하였다.

이로써 보면 진리와 하나가 되는 깨침은 반드시 자각을 수반하는 것으로서 분별을 여의고 고요한 무위에 도달하는 것을 속성으로 삼고 있다. 분별이 없기 때문에 따로 자타 내지 범성이 없고, 고요한 진리의 경지이므로 번뇌로부터 자유로울 수가 있다. 그래서 깨침은 심신이라는 자각을 통한 좌선벽관의 구현일 뿐만 아니라 벽관을 통한 심신의 자각이다. 따라서 심신과 벽관과 깨침은 좌선수행방식에 대한 달마 특유의 용어이면서 교를 통한 깨침이라는 의미까지 내포되어 있는 말이다.

3) 깨침의 현성[現成公案]

모든 행위에는 반드시 그 결과가 남는다. 바둑을 두고나면 기보가 남고, 목욕탕에서 나오면 물 발자국이 남으며, 꽃이 떨어지고 나면 열매가 맺히고, 밥을 먹고 나면 주린 배가 충족된다. 또한 오이를 심으면 오이가 열리고, 팥을 심으면 팥이 열린다. 만법의 이치이다. 그런데 이와 같은 현상적이고 인과론적인 방법만이 그 결과로 남는 것은 아니다. 자신이 무의식적으로 한 행위라든가 어쩔 수 없는 불가항력적인 경우에도 자신의 의지와는 관계없이 흔적이 남는다.

이것을 모르는 사람은 없다. 그러나 정확하게 아는 사람도 드물다. 그것은 바로 자신이 알고 모르는 것과는 상관없이 하나의 실증일 뿐이다. 그 실증이 그대로 노출되어 있는 것이 현성이다. 그렇지만 노출되어 있다는 것은 이미 감추어져 있지 않고 드러나 있다는 것을 알아차린 경우가 되어 있다. 그 알아차리는 것이 자각이다. 그래서 자각이란 이미 노출된 그대로 애초부터 그렇게 갖추어져 있는 것이 전제되어 있다. 단지 그것을 자기의 것으로 알아차려 수용하는 것이다. 이것이 자각의 행위이다.

　그 자각이란 저절로 성취되는 것이 아니다. 이처럼 애초에 완성되어 있는 진리에다 자신의 의지가 가미되는 행위, 곧 자각(自覺)은 자신의 자(自)와 진리의 각(覺)이 동시간과 동공간에 구현되는 모습이다. 그것을 진리가 구현되어 있다는 의미에서 현성공안(現成公案 : 깨침이 현재 성취되어 있는 상태)이라 한다. 이 현성공안은 공안 곧 깨침이 자신에게 나타나는 것인데, 바꾸어 말하면 자신이 진리로 나타나는 것이다. 그래서 자신이 애초부터 자신과 진리가 하나가 되어 있는 경우를 말한다. 달리 진리가 자신으로 나타나는 것이다. 이것은 반드시 그와 같은 행위를 인식하는 행위 곧 자각과 함께 그렇게끔 등장하는 공안 곧 깨침이 준비되어 있어야 한다. 그래서 이것을 본래부터 깨우쳐진 상태의 본증(本證)과 그것을 스스로 깨우친다는 자각(自覺)의 의미에서 본증자각(本證自覺)이라고 한다. 따라서 현성공안의 이면에는 항상 본증자각이 개재되어 있다.

　이와 같은 현성공안의 도리를 현성공안이게끔 만들어가는 행위가 좌선이라는 신체의 행위이고, 그것을 자기의 것으로 만들어가는 것이 자각이라는 인식의 행위이며, 공안이 공안이라는 집착을 벗어나 초월된 공안으로 되돌아오는 행위 곧 탈체현성(脫體現成)의 경험이다. 이와 같이 신체와 자각과 경험이라는 세 가지 행위의 종합이 지금[卽時] · 여기[卽空] · 깨침[卽覺]에서 일어나고 그것을 알아차리는 행위가 현성공안의 원리이다.

바로 이 현성공안의 원리를 달리 좌선체험 내지 자각체험이라고 한다. 그래서 깨침의 보편성처럼 좌선체험과 자각체험은 언제라도 어디서라도 어떻게라도 준비되어 있고 또한 준비된 대로 작용하고 있다. 현성공안의 체험이란 그것을 무엇(WHAT) · 왜(WHY) · 어떻게(HOW)의 세 가지 입장에서 구명해 나아가는 것이다.

무엇(WHAT)이라는 입장은 공안이 무엇인가, 깨침이 무엇인가, 십이연기란 무엇인가 등등처럼 그 본질을 파악하는 행위이다. 이미 몸의 가부좌와 호흡이 준비되어 있는 바탕에서 공안 곧 깨침의 본질을 구조적으로 실증해 나아가는 것이다. 반드시 무엇이라는 행위가 구명되지 않고는 공허한 관념의 철학이고 자의적으로 만들어 낸 형이상학에 지나지 않는다. 그 무엇이라는 것이야말로 공안이라는 대상에 대한 자기구명(自己究明)이면서 동시에 자신에 대한 공안을 의미하는 본참공안(本參公案)이다.

중국 당나라 때 운암담성이라는 선승이 있었다. 어느 날 차를 마시려고 물을 데워 막 차를 우려내고 있는 참이었다. 그때 마침 그 스승이었던 도오원지라는 스님이 들어와서 운암에게 물었다. '여기에 손님이라곤 하나도 없는데 그대는 누구에게 주려고 차를 내고 있는가.' 운암이 말했다. '꼭 마시고 싶어하는 사람이 있어서 그 사람에게 드리려고 그럽니다.' 도오가 물었다. '마시고 싶다는 그 사람은 손이 없다더냐. 자신이 직접 차를 내면 될 터인데 하필 왜 그대에게 차 심부름을 시킨단 말이냐.' 운암이 말했다. '그 사람이 여기에 있는데 그게 바로 저이거든요.'[35]

곧 철저하게 자신을 객관화시켜 나아가면서 객관화된 자신을 공안이라는 객관과 다름이 아닌 것으로 만들어 나아간다. 그래서 공안이 곧 객관화된 자신임을 확인하는 것이 무엇(WHAT)이라는 입장이다. 그래서 왜(WHY)라는 것은 반드시 무엇(WHAT)이 구명된 바탕에서 그 존재양태를 따지는 것이다. 무엇(WHAT)이 본질의 구명이라면 왜(WHY)라는 것은 일종의 존재목적에 대한 추구이다.

그리고 왜(WHY)에는 그 방향성이 설정되어 있다. 여기에서 방향성이란 다름아닌 깨친 자기의 완성이다. 자아의 실현이다. 방향성을 설정하는 데에는 무엇(WHAT)이라는 것의 본질적인 구명이 필요했듯이 어디까지라는 자신에 대한 철저한 인식과 그에 따른 억제 내지 절제가 필요하다. 어느 쪽을 향하는 방향과 마찬가지로 얼만큼이라는 제한의 설정이 없어서는 안 된다. 제한의 설정이 없으면 좌선의 주제가 상실되어 버린다.

묵조선의 수행방식이 아무 대상이나 아무런 방식이나

---

35) 『景德傳燈錄』 卷14, (大正藏51, p.315上)

다 통용되는 것이 아닌 이유가 여기에 있다. 왜냐하면 공안에 대한 명확한 본질인 무엇에 대한 구명이 이루어지면 당연히 그것은 그 본질에 대한 존재이유와 어디까지라는 존재양상이 나타나기 때문이다. 반드시 무엇이라는 의문방식에 근거한 왜(WHY)이기 때문에 분명한 목표가 설정되는 것이다. 터득된 진리에 대하여 그 진리의 존재방식이 왜 그렇게 되었는지를 살피는 것이다.

가령 12연기의 구조와 본질을 파악한 위에서 왜 12연기가 존재하야 하는가의 그 필연성을 설정하는 것이다. 무엇(WHAT)이 진리에 대한 본질의 인식이라면 왜(WHY)라는 것이야말로 자신과 타인 모든 진리에 대한 행위의 인식이다. 그래서 이미 구명된 무엇에 대한 왜라는 질문의 행위는 단순한 물음이 아니다. 이미 답변을 알고서 그것을 제한하는 설정은 현명하게도 공안에서 이루어지는 행위방식이기 때문이다.

한 승이 동산양개에게 물었다. '스님께서는 이미 깨친 분이시기 때문에 묻습니다. 추울 때와 더울 때는 어찌해야 합니까. 가르쳐 주십시오.' 동산이 말했다. '그래, 그대가 추울 때는 따뜻한 곳으로 가고 더울 때는 시원한 곳으로 가면 되느니라.' 승이 물었다. '스님께서 말씀하신 그런 곳이 도대체 어디에 있습니까. 저도 정말로 그런 곳에 가보고 싶습니다.' 동산이 말했다. '추울 때는 자신을 철저하게 춥게 하여 추위와 정면으로 마주치고, 더울 때는 자신을 철저하게 덥게 하여 더위와 정면으로 마주치는 것이다. 어디로 회피하려고 해서는 더욱 춥고 더욱 더울 뿐이다. 그러므로 순경과 역경을 따져서는 안 된다. 일단 목표가 설정이 되었으면 추위와 더위를 구분해서는 안 된다.'[36]

자신이 설정한 진리의 방향 내지 필연성을 감지하였으면 그 곳을 향하여 이제는 온 자신을 그것에 내맡겨 버리는 것이다. 그것이 곧 어떻게(HOW)라는 입장이다. 어떻게라는 것은 공안의 활용방식이다. 공안의 활용은 자신의 활용이기도 하다. 이미 깨쳐 있는 자신을 진정으로 자신이게끔 드러내는 것이다. 그것은 이를테면 십이연기를 십이연기의 구명이라는 구조 속에 묻어두는 것이 아니라 연기의 도리를 실천하는 것이다. 연기의 실천은 순리를 따르는 것이다. 인간은 인간으로서 도리를 따르면서 동시에 그 도리를 이끌어 나아가는 것이다. 진리의 실천이다. 진리의 실천이란 현성공안의 완성이다. 하나에 얽매여 고정시켜 두지 않고 그것을 자유자재로 활용하는 것이다.

언젠가 임제의현이 달마의 탑을 참하기 위하여 달마의 탑에 이르렀다. 임제는 그곳에 도착하여 참배할

---

36) 『筠州洞山悟本禪師語錄』, (大正藏47, p.509下)

뜻이 있는지 없는지 주위를 두리번거렸다. 이에 그곳을 지키고 있던 탑주스님이 임제에게 물었다. '스님께서는 무얼 망설이는 겁니까. 어느 것이 누구의 탑인지 몰라서 그런 겁니까. 그것이 아니라면 부처님께 먼저 참배하시겠습니까, 아니면 달마조사에게 먼저 참배하시겠습니까.' 임제가 말했다. '다른 소리 마시오. 나는 부처님께도 달마조사에게도 모두 참배할 마음이 조금도 없습니다.' 그러자 탑주가 물었다. '참, 스님도 무던하시지. 부처님과 달마조사에게 무슨 억하심정이라도 있어서 그런 겁니까.' 그러자 임제는 콧방귀라도 뀌듯이 장삼자락을 휘날리고는 그곳을 떠나버렸다.[37]

여기에서 임제는 하나의 대상에 대한 고정관념을 쳐부순 것이다. 어느 것이 먼저이고 나중이라는 관념에서 벗어나 이미 참배하러 그곳을 방문한 자체가 예를 드린 것이었다. 굳이 허리를 숙여 예를 표하지 않더라도 썩 훌륭한 참배를 보여준 것이다. 현성공안의 의의는 실로 이와 같은 그 활용에 담겨 있다.

그런데 가부좌 수행을 통한 본증자각이야말로 비로소 현성공안의 활용에서 그 진가를 발휘한다. 그 활용이란 행주좌와(行住坐臥) · 견문각지(見聞覺知) · 어묵동정

---

37) 『鎭州臨濟慧照禪師語錄』, (大正藏47, p.506上)

(語動靜)·일거수일투족(一擧手一投足)의 모든 행위에서 일어난다. 보고 듣는 자신이 그대로 보이고 들리는 대상을 의식할 때 더 이상 자신과 대상이라는 구별은 사라지고 만다. 거기에는 그것을 의식하고 있는 현재의 자신속에 대상이 들어와 있다. 빗소리를 들으면 나는 벌써 그 빗소리 속에 들어가 있다. 그것도 온통 전체를 기울여 빗소리에 침잠해 있다. 그 순간 나라는 자신도 잊어버리지만, 다시 빗소리도 빗소리 자신을 잊어버린다. 그리고 비와 소리도 구별을 떠나버린다.

이처럼 현성공안은 현성된 공안이면서 현성 자체가 곧 공안이 되어 있다. 그 즈음에는 자신이 공안으로 현성된다. 그래서 자신이 현성되면 그 현성은 곧 공안이며 그 공안은 곧 나 자신이 되어 분별이 없는 하나로서 곧 전체가 된다. 이것을 공안체험이라고 한다. 곧 무엇(WHAT)·왜(WHY)·어떻게(HOW)라는 삼구형식이 각각 본질의 구조에 대한 구명과 존재의 방향성에 대한 설정과 자신을 공안에 통째로 들이미는 공안의 활용으로 현성되는 것이야말로 묵조선 수행의 실천으로서 그 완성이다. 무엇이라는 그 내용과 왜라는 그 목적과 어떻게라는 그 방법에 대한 묵조선 수행의 삼구형식에 대한 이와 같은 공안체험의 구조에서 묵조선 수행의 실질적인 활용은 이와 같은 공안의 자기체험을 통하여 이루어진다.

4) 평등의 좌선[非思量]

좌선이란 자세를 가다듬고 고요히 앉아서 화두를 들고 수행하는 간화선이건, 좌선을 통하여 진리를 묵조하는 묵조선이건, 일체의 행위를 관찰하는 위빠사나이건 간에 무언가 거기에는 마음의 작용이 바탕이 되어 있다. 화두를 들어도 화두에 대한 마음자세가 필요하고, 묵조를 해도 묵조에 대한 마음자세가 필요하며, 관법을 해도 관법에 대한 마음자세가 필요하다.

이 가운데서 묵조를 한다는 것은 몸으로 묵하고 마음으로 조한다는 의미가 포함되어 있다. 이 몸과 마음의 행위인 묵조는 좌선을 경험하는 가운데서 구체적으로 어떤 상태를 지향하고 있는가. 굳이 몸과 마음으로 나누어 설명하자면 몸으로는 올곧하게 가부좌의 자세를 취하면서 마음으로는 성성적적(惺惺寂寂 : 마음을 분명하게 깨어있으면서 몸은 고요하게 좌선하고 있는 모습)하게 사량하는 것이다.

무엇을 사량하는가. 본래면목의 자성을 사량하는 것이다. 그 본래면목이란 이치로 보면 처음부터 성인범부가 하등의 차이도 없이 완전하게 깨쳐 있는 존재[理佛性]를 말한다. 그리고 본래면목의 자성을 사량한다는 본래면목임을 자각하는 것[行佛性]이다. 이불성(理佛性)이란 일체중생은 동일한 진성을 지니고 있다 혹은 일체중생은 그대로 공안이라는 의미로서 누구나 너는 것이나 깨침의 가능성의 존재를 나타낸 말이다.

그러나 가능성의 구비만 가지고는 한낱 철학일 뿐 결코 종교가 아니다. 종교란 반드시 그 실천이 수반됨으로써 철학과 구별된다. 선은 철학이기에 앞서 어디까지나 종교이다. 선은 반드시 좌선이라는 경험이 뒷받침되어 있다. 따라서 이불성은 필연적으로 행불성을 필요로 한다. 행불성이란 이불성에 머물지 않고 본래면목의 자성을 좌선이라는 행위를 통하여 그것을 형성시키는 자각행위이다. 그 자각을 이끌어내는 마음의 구조가 곧 비사량(非思量)이다. 비사량이란 단순히 사량하지 않는다는 의미가 아니다. 사량하되 다름이 아니라 바로 그 자체임을 사량하는 것이다. 곧 분별심이 없이 사량하는 것이다.

여기에서 비사량이라는 것은 좌선 속에서의 의식의 존재방식을 보여 준 말이다. 비사량은 이러한 상호간의 의식이나 무의식의 정신작용에 분별이 완전히 없어진 상태의 순수한 의식활동을 일컫는 말이다. 다시 말하자면 모든 관념과 의욕과 감정 등의 의식활동을 추구한다든가 억제한다든가 하지 않고 의식이 생·멸·거·래(生·滅·去·來)하는 그대로 맡겨 두는 것이다. 관념과 의욕과 감정 등의 번뇌작용은 그대로 내버려두면 본래 무자성(無自性)한 것이기 때문에 저절로 사라지게 마련이다. 따라서 비사량이란 사량하되 지금 사량하는 자신이 다른 그 무엇이 아니라 바로 좌선하는 자기이고 자각하는 자기이며 깨쳐 있는 자기로서 자기와 사량과 자각이 하나임을 사량하는 것이다.

이에 비사량은 분별이 없는 부처의 경계인 무위(無爲)이다. 무위이므로 일찍이 변설한 바가 없다. 변설한 바가 없이 일체의 언론을 떠나 있으므로 부사의한 경계라 한다. 그래서 여래의 언설은 사량분별의 대상이 아닌 까닭에 바로 대상이 아닌 사량 곧 비(非)의 사량으로 나타난 것이므로 언설의 설법이 아닌 인연과 비유로써 표출된 것이다. 그래서 비사량은 아집을 탈락한 무집착의 사량으로서 절대사량 내지는 정사량(正思量)으로 규정할 수가 있다. 이리하여 비사량은 단순한 무의식의 상태 곧 무념무상이 되는 것이 아니다. 왜냐하면 사량하지 않는다고 하면 사량하는 그 염(念)도 결국 의식의 굴레가 되어 어찌할 수 없게 되기 때문이다. 그리하여 일체를 그대로 내맡겨 둘 때의 바로 그와 같은 의식에는 집착이 생기지 않고 관찰되거나 개념화되지도 않는다.

이처럼 비사량의 경계에는 문자가 없어 시비와 선악을 떠나 있다. 따라서 이것을 파악하고 사유하며 표현하기 위해서는 여기에서 말한 비사량의 좌선체험이 필요로 대두된다. 곧 이 좌선의 체험은 일상의 행주좌와·어묵동정·견문각지 등 일상생활의 모든 모습에서 체험으로 다가오는 사량의 실체이다. 그래서 『증도가』라는 글에서 말한 '행동하는 것도 선이고 앉아 있는 것도 선이며 말하고 침묵하며 움직이고 고요한 것이 모두 자신의 본체를 편안하게 해준다.'는 바로 그 좌선에 통한다.

그러면 좌선에서 이루어지는 구체적인 비사량의 체험은 무엇인가. 비사량의 체험은 곧 무분별한 사량의 전체속에 그대로 자신을 내맡겨버리는 가운데서 궁극적으로는 다시 사량을 벗어나 있는 상태인 초월현성(超越現成)의 의식으로 돌아오는 것이다. 이것은 비사량이 묵조의 심성임을 가리킨다. 비사량의 사상은 좌선에서의 내면적인 마음의 준비로서 파악되어야 할 성질의 것이지 언설로 추구되는 것이 아니다. 단지 언설로 표현될 뿐이다.

5) 깨침의 생활[身心脫落]

묵조선의 수행은 자신에 대한 근원을 추구하는 선수행으로서 자기의 일체행위를 통하여 전개되는 방식이다. 그 때문에 그 근원을 터득하는 주체는 다름아닌 자기의 몸이고 마음이며 코와 입의 감각기관이다. 가부좌를 하는 몸과 묵조를 하는 마음과 호흡을 하는 입과 코가 이에 해당한다. 이 경우에 주체가 결여된 행위는 단순한 몰입 내지는 마음의 방종이다. 외물에 대한 무비판적인 긍정이다. 곧 자신의 체험이 철저화되지 않은 영원한 객이다.

이 경우에 자신의 몸과 마음과 감각기관의 궁극에는 그 행위마저도 다시 닦아야 할 것이 없다는 생각을 지니는 것이 묵조선의 수행에 들어가는 제일의심(第一義心)이고, 그 제일심을 지니기 위한 몸과 마음의 자세와 작용이 다름 아닌 좌선입정(坐禪入定)의 행위이다.

좌선은 우선 몸을 통하여 마음과 호흡으로 하는 행위인 만큼 몸의 자세와 마음의 각오와 기를 조절하는 호흡의 조절이 근본이다. 호흡의 바탕은 수식관(數息觀) 내지 수식관(隨息觀)인데, 이것이 성취된 경우가 곧 호흡에 대한 자각으로서 호흡삼매이다. 호흡은 몸을 추스르는 작용만이 아니라 정기를 유지하는 행위이고 마음의 추·세(麤·細)를 나타내는 척도이다. 이와 같은 호흡이 처음에는 의도적으로 진행되지만, 점차 완숙해지면서 무의식적으로 자연스런 호흡이 되는 경지를 말한다.

호흡이 갖추어지면 보리심을 일으켜야 하는데 그것이 발심이다. 따라서 발심에 대한 완성 곧 믿음의 자각은 애초부터 본증의 사실을 누구에게나 갖추어져 있는 것을 체험하는 행위이다. 발심의 주체는 어디까지나 자신이다. 발심하고 싶다고 해서 저절로 성취되는 것이 아니다. 그러나 발심은 자신 속에서 나온다. 다른 가르침이나 누구에게서 빌려오는 것이 아니다. 이미 자기 속에 있었던 것을 스스로 드러내는 행위이다. 따라서 자신의 강렬한 계기가 없어서는 불가능하다. 그것은 경전을 통해서 남의 언설을 통해서 자신의 명상을 통해서 자연을 통해서 어디서든지 언제든지 가능하다. 굳이 찾을 필요는 없다. 그대로 자각하면 된다.

그 발심은 무상의 체험에서 온다. 그 때문에 자신이 살아가는 세상이 경천동지하는 것을 경험하고 나서야 비로소 발심이 가능하다. 그만큼 발심은 필요하고 중요하다. 그 때문에 누구나 발심해야 한다. 그 발심의 성취는 곧 信의 완성으로서 자기확인이고 자기성취다. 자기확인이 소위 깨침이라면 자기성취는 공덕을 이루는 것이다. 전자는 지혜의 터득이고 후자는 지혜의 실천으로서 자비의 활동이다. 그래서 그 믿음의 완성을 위하여 수행을 강조한다. 따라서 믿음은 반드시 발심으로 이어지고 발심은 수행으로 나타나며 수행은 깨침으로서 지혜를 수반하여 자비심이 작용한다. 이런 점에서 발심은 자비이다.

믿음의 자각을 체험한 연후에는 그것이 단순한 공이 아님을 자각하는 공삼매를 추구한다. 이와 같이 묵조의 공안과 좌선은 현성과 탈락이라는 공능으로 나타나 있다. 바로 현성과 탈락의 근원에는 반야공관이 뒷받침되어 있다. 곧 묵과 조의 상호작용에서 일어나는 연기상의(緣起相依)는 현성과 탈락이라는 중중무진의 상즉(相即)으로 통하며, 그 현성과 탈락의 전개양상은 제법무아의 도리에 통한다. 여기에서 발심은 수행하는 행위이고 수행하는 행위는 발심인데 수행과 발심이라는 분별마저도 초월된 상태이다. 곧 중생이 소멸되어 중생을 초월한 존재가 되는 첫걸음은 중생성을 비우는 행위이다.

중생성을 비우는 행위를 공이라 말하는데 여기에서 공이란 중생이 공한 존재가 되는 것이 아닌 본질적인 공이다. 곧 중생을 벗어나는 것이란 다름아닌 중생성을 깨치는 것이다. 중생 그대로가 공이지 달리 중생을 벗어난 공이 아니다. 중생은 공의 중생이고 공은 중생의 공이다. 비유하면 밤이 지나고 낮이 오는 것이 아니고 낮이 오기 전에 밤이 있는 것도 아니다. 곧 밤의 낮이고 낮의 밤으로서 낮과 밤은 둘이되 둘이 아니고[二而不二] 둘이 아니되 둘이다.[不二而二]

중생성을 깨친다는 것은 "제불이 출세한 것은 중생을 직접 제도하려는 것이 아니다. 단지 생사와 열반이라는 분별심을 제도하려는 것이다."는 말처럼 중생의 속성이 공하다는 것을 터득하는 것이다. 이것이 곧 "수행의 요체는 다만 범부라는 생각을 없애는 것뿐이지 별도로 부처의 견해를 추구할 것이 없다."는 것으로서 소위 발심의 완성이 된다.

이에 스스로 만들어 낸 발심의 완성이기도 한 믿음을 좌선삼매를 통하여 부단히 검증하고 마침내 자신이 인정하는 것이다. 자신이 만들어낸 믿음이란 주체적인 믿음이다. 곧 좌선삼매 속에서 자기의 본래면목을 들어 궁구하는 것이다. 그것을 궁구하는 데에는 온통 자신을 송두리째 그 대상 곧 자기를 궁구하는 행위에 들이밀어 하나가 되어야 한다. 그와 같은 경험이 자각이다. 그러나 끝내 자신과 하나가 되지 않는 경우는 자신이 만들어 낸 믿음에 대하여 다시 숙고해 보아야 한다. 믿음의 대상에 대하여 각도를 달리하여 용의주도하고 주도면밀하며 세밀하고 깊게 다시 살펴야 한다. 그리하여 본래면목이라는 주제에 대한 믿음을 달리하여 다시 궁구하는 것이다.

그 경험은 절대고요의 경험을 통해 검증된다. 절대고요는 자신에 대한 철저한 긍정으로서 좌선의 상태를 통한 몸의 고요가 바탕이 된다. 절대고요의 체험은 심신의 동요가 사라진 상태이다. 이 체험은 자신의 탈락으로 나타나는데 그것이 무아의 터득이다. 그 고요한 체험에서 일체의 소리가 배제되고 정념(正念)에 들어간다. 그 정념은 무아의 체험으로 나타나는데 그것이 곧 공의 체험이다. 이것이야말로 공안을 자각하는 것이다. 분별이 없는 전일한 사량 곧 비사량의 체험으로서 망념이 사라진 본래믿음의 현성이다. 그 때문에 믿음의 대상이 적정하게 되어 궁구하는 자신과 하나가 되면 믿음이 더 이상 형상이 없는 도리인 줄을 알아(安心立命 : 선수행의 궁극적인 목표로서 마음과 몸의 조화가 성취되어 있는 상태)의 경지에 도달하게 되는데 그것이 평등과 청정의 구현이다. 항상 이러한 마음 상태의 경험이 분별과 번뇌의 소멸상태이기 때문이다.

　그래도 그 궁구의 대상과 하나가 되는 경험을 하지 못했을 경우에는 처음으로 돌아가 믿음의 대상을 앞에 두고서 절대고요를 체험해 본다. 절대고요의 체험은 심신의 동요를 남겨두어서는 안 되는 경험이다. 좌선 그대로 고요하다는 것을 느껴보는 것이다. 깊고 깊은 고요 속에 파묻혀 마침내 고요라는 생각마저 사라져 버린 때에 고요에 대한 본래모습을 경험하게 된다. 그 절대고요에서 무아의 체험이 가능하다. 무아의 체험은 자기 전체의 대긍정이다. 이와 같은 절대고요와 무아를 체험하고 난 후에 긴 호흡과 더불어 다시 앞에 두었던 자신의 믿음을 가져다가 궁구해 본다. 그리하여 마침내 그 믿음의 대상과 일치가 되는 자각의 체험이 필요하다. 어떤 대상에 대한 일치됨의 체험을 마치면 또 다른 대상을 가져다 다시 계속한다.

　이와 같은 대상에 대하여 언제부터인지 무슨 모습으로든지 어떤 작용으로든지 이미 자신이 믿고 있는 그대로 체험하는 것이 필요하다. 이 체험이야말로 자신의 본증에 대한 본래인의 자각행위로서 기사구명(己事究明 : 선수행에서 자기의 근본문제인 생사일대사를 해결하는 행위)의 자각이다. 그 기사구명의 자각은 필연적으로 공안이 현성된 상황인데 공안의 현성은 좌선하는 모습에 늘 그렇게 올곧게 드러나 있다. 공안의 현성은 지금 · 여기에서 · 이렇게 · 자신이 좌선하고 있는 줄을 자각하는 행위이다. 곧 공안의 자각이요 자각된 공안이다.

여기에서 공안은 자신이다. 그 때문에 자신이라는 공안의 자각이고 자각된 공안의 자신이다. 이로써 자신과 공안과 자각은 각각 즉입(卽入)의 관계로서 자신에게서 자각된 공안이고 공안으로 자각된 자신이며, 자각된 공안을 구비한 자신이고 공안이 자신으로 자각된 것이며, 자신의 공안을 자각한 것이고 자각된 자신이 공안으로 드러난 것이다. 좌선이라는 행위를 통하여 공안이 현성되고, 그 현성된 공안이 다시 좌선의 모습으로 드러나는 것이다.

여기에서 공안은 탈락된 공안이다. 그래서 공안은 진리이면서 깨침의 현성이고 깨침의 탈락방식이다. 이처럼 묵조의 좌선은 묵과 조의 좌선이다. 묵의 좌선이 이 몸으로 단좌하는 것이라면 조의 좌선은 깨어있는 마음의 작용이다. 몸과 마음이 좌선이라는 행위로 나타나 있다. 그래서 묵과 조는 몸과 마음의 조화이고 몸과 마음의 일체작용이다. 몸과 마음이 조화 내지 작용의 일체를 보이고 유지하기 위해서는 탈락이라는 수행이 필요하다. 탈락은 벗어나고 초월하며 집착이 없으면서 본래작용의 기능을 그대로 유지하는 작용이다. 그래서 신심탈락(身心脫落)이란 신(身)과 심(心)이 자기로부터 탈락되어 있는 상태를 말한다.

신(身)의 탈락이란 자신이 이 몸 그대로를 지니고 유지하면서 몸의 당체와 작용과 유혹과 번뇌에 얽매이지 않으면서 동시에 몸의 유지와 작용에 대하여 장애가 없는 상태이다. 心의 탈락이란 신(身)과 함께 상호작용 속에서 유지되는 심(心)이면서도 동시에 신(身)의 구속으로부터 떠나 있는 것을 말한다. 심(心)이 신(身)의 구속을 벗어나 있는 것은 몸이 하고자 하는 대로 마음이 따라가면서도 몸과 마찰을 일으키거나 장애가 되지 않는 것이다. 마음이 하고자 하는 대로 몸이 따르고 몸을 부리며 몸을 지탱된다. 그래서 심과 신의 탈락이란 정작 그 자체로부터 벗어난다는 의미이기는 하지만, 실제로는 그 자체 속에서 심과 신이 자유로운 기능을 유지하는 것을 말한다. 따라서 신심의 탈락 내지 심신의 탈락은 달리 탈락된 신심이고 탈락된 심신이다. 탈락의 굴레를 떨쳐버린 신과 심의 작용방식이다. 이처럼 신과 심이 탈락된 형태가 공안의 현성이고 신심의 현성이다. 그런데 바로 이와 같은 탈락은 좌선이라는 행위를 통해서 이루어진다는 데에 의의가 있다. 신심의 어떤 탈락 행위라 할지라도 좌선을 벗어나서는 의미가 없다. 좌선은 신과 심의 형식이고 내용이면서 가치이고 작용이기 때문이다.

　몸과 마음이 일치된 상태에서 일어나는 탈락의 양상은 필연적으로 감각의 탈락을 수반한다. 색과 형체를 보고 소리와 들으며 냄새를 맡고 맛을 보며 촉감을 느끼고 여타의 과거와 현재와 미래를 넘나들고 인식하는 일체의 것으로부터 초연한 경험을 하게 된다. 그 안·이·비·설·신·의 등 감각의 탈락에는 몸으로부터의 탈락이면서 마음으로부터의 탈락이면서 언설의 탈락이 수반되기 때문이다. 여기에서 좌선을 통해 경험된 감각의 탈락은 달리 좌선의 탈락형태이기도 하다. 좌선이 탈락된 형식으로 보고 들으며 맡고 맛보며 느끼고 체험한다. 그 때문에 좌선은 곧 신심의 탈락이고 감각의 탈락이기도 하다. 탈락된 신심과 탈락된 감각과 탈락된 언설은 좌선을 통해서만 드러나는데, 이처럼 드러나 있는 모습이 공안의 현성이다. 따라서 공안의 현성 곧 현성공안은 좌선탈락의 모습이면서 좌선탈락의 내용이다. 그 과정은 다음과 같다.

순서	수행의 구조	내용
1	제일의심(第一義心)	몸과 마음과 언설의 자각
2	좌선입정(坐禪入定)	몸과 마음의 청정
3	호흡삼매(呼吸三昧)	수식관(數息觀) 및 수식관(隨息觀)
4	발보리심(發菩提心)	믿음의 자각
5	지관타좌(祇管打坐)	좌선삼매
6	절대적정(絶對寂靜)	자기에 대한 대긍정
7	무아체험(無我體驗)	공삼매(空三昧)의 터득
8	본증자각(本證自覺)	비사량(非思量)의 체험
9	현성공안(現成公案)	일행삼매(一行三昧)의 현성
10	신심탈락(身心脫落)	신심(身心)의 초월

5. 간화선과 화두

1) 대혜종고와 간화두

선종이란 좌선을 주요한 수행방법으로 삼아 깨침에 이르는 것을 목표로 삼는 불교의 종파이다. 불교의 수

행은 경전을 독송하는 간경수행, 주문을 외우는 주력수
행, 좌선을 통하여 깨침을 추구하는 참선수행, 기타 염
불수행 등 여러 가지가 있다. 이 가운데 좌선수행은 좌
선을 떠나서는 생각할 수 없다. 그 가운데서도 좌선을
으뜸으로 삼아 일종의 공안, 곧 화두를 참구하는 것이
소위 간화선(看話禪)이다. 간화란 말 그대로 '화두를 본
다.' 내지 '화두를 보게끔 한다.'는 의미이다. 다시 말하
면 화두를 들어 통째로 간파하여 추호의 의심도 없이
그 전체를 체험하여 자신이 화두 자체가 되는 과정이
다.

이러한 화두는 달리 공안(公案)과 동일시되기도 하기
때문에 화두선이라고도 한다. 화두를 의미하는 공안이
란 본래 공공문서가 지니고 있는 그 권위에 비유한 것
이다. 그래서 함부로 사사롭게 처리할 수 없듯이 스승
의 준엄한 검증의 과정을 거친 연후에야 비로소 그 수
행의 경지를 인가받게 되는 스승과 제자 사이에 엄격하
게 적용되는 사자상승(師資相承)의 원리이다.

공안이라는 용어는 당나라 시대 황벽희운 시대에 보
인다. 『오가정종찬』의 황벽선사 대목에서 볼 수가 있는
데, 당시에는 아직 후대의 간화선에서 말하는 공안의
본격적인 의미로는 사용되지 않았다. 마찬가지의 경우
이지만 직접 공안이라는 말은 보이지 않으나 의미상으
로 보아 스승이 제자에게 일종의 문제의식을 불러일으
킨다는 입장에서 공안으로 간주할 수 있는 것은 이전에

도 많이 있었다.

그러나 후대에 간화선에서 본격적으로 말하는 간화라는 의미에서의 공안, 곧 화두는 당대 말기의 조주종심과 임제의현을 거쳐 북송 말기 남송 초기에 살았던 대혜종고에 이르러서 대성하게 된다. 이때가 되면 부처님과 조사들의 기연이 정형화되어 수많은 화두로 나타나게 된다. 따라서 수행납자들의 수준이 천차만별이기 때문에 화두도 다양하여 일상의 생활 하나하나가 화두로 등장한다. 이처럼 송대에 화두가 간화선이라는 일종의 화두참구를 으뜸으로 내세우는 수행방식으로 선택된 것에는 나름대로 이유가 있었다.

대혜종고 당시에는 화두가 납자들 사이에서 널리 의논되기도 하고 스승과 문답을 하면서 발달해 갔다. 그러나 그것이 자기의 진실한 깨침의 마음을 구명하기보다는 오히려 형식적으로 흐르게 되면서 많은 부작용이 나타나기도 하였다. 이러한 시점에서 화두의 역할을 새롭게 부각시킬 필요가 생겨나게 되었다. 그러한 즈음에 대혜는 화두에 의해서 자기의 망상을 제거하는 것을 그 하나의 목표로 삼았다. 가령 대혜는 조주종심(趙州從諗: 778-897)의 일화에서 연원하여 이후 북송대에 화두로 정착된 무자화두(無字話頭)를 강조하였다. 조주의 무자화두란 조주와 제자 사이에 있었던 일화를 바탕으로 형성된 화두이다. 오늘날까지도 화두 가운데 단연 으뜸으로 언급되고 있는 무자화두는 당대의 조주로부터 연원한다. 무자화두는 '무(無)'에 대한 화두가 아니라 '무자 (無字)' 곧 무라는 글자에 대한 화두이다. 여기에서 '무' 의 연원은 당나라 시대에 "어느 날 조주에게 한 제자가 물었다. '개한테도 불성이 있습니까.' 조주가 말했다. '무 (無)'"라는 조주종심의 일화에 있었다. 그렇지만 '무자' 화두로서의 연원은 송대의 오조법연 시대부터였다.

이로부터 북송대 오조법연이라는 선사가 그 일화를 예로 들어서 설법한 것으로부터 이후 소위 무자화두로 등장하였다. 무자화두의 요체는 무자삼매에 들어 내외 가 타성일편되는 심경에 도달하여 그것으로써 모든 분 별망상의 삿된 생각을 불식시켜가는 것이다. 대혜가 무 자화두를 통하여 둘째 목표로 삼은 것은 화두에 대하여 대의단(大疑團)을 불러일으켜 그것을 통하여 깨침으로 나아가도록 한 것이었다. 그리하여 대혜는 화두를 들지 않고 의심이 없이 묵묵히 앉아 좌선만 하는 모습을 철 저하게 경계하였다.

이로써 대혜는 생생하게 화두를 들어 끊임없이 의심 에 의심을 더해가야 한다고 설한다. 따라서 대혜는 화 두에 대한 의심을 통한 깨침을 제일의 원칙으로 삼았 다. 깨치는 데에는 우선 의심해야 한다고 말하면서 그 의심을 화두에서 찾아야 한다고 주장한다. 따라서 크게 의심할수록 크게 깨친다는 대의대오(大疑大悟)를 강조 하였다. 그 방식으로서 대혜는 고인의 화두를 통하여 의심을 일으켜야지, 문자를 통하여 의심을 일으켜서는

안 되고, 경전의 가르침을 통하여 의심을 일으켜서도
안 되며, 일상의 번거로운 가운데서 의심을 일으켜서도
안 된다고 말한다. 오로지 고인의 무자를 통해서 의심
을 하고, 그 무자를 깨쳐야만 모든 의심덩어리를 꿰뚫
어 부처님의 깨침의 심경에 들어간다고 주장한다. 이처
럼 대혜에게 화두는 단순한 고인의 화두만이 아니라 깨
침의 전부였다. 그리하여 대혜의 화두가 이전과 달리
하나의 화두선 곧 간화선으로 자리매김하게 되었다.

2) 화두의 속성

선의 몇 가지 수행방식에서 가장 독특한 것 가운데
하나가 화두를 통한 선수행이다. 화두수행은 불교가 중
국적으로 전개된 대표적인 사례로서 이후 오늘날에 이
르기까지 선수행에서 그 보편성을 인정받고 있다. 널리
보면 많은 수행방법 가운데 하나이지만 선종 내에서 화
두수행의 위상은 단연 압도적이다. 현재 우리나라에서
수행되고 있는 선법만이 아니라 중국이나 일본을 통한
그 전개와 구미 및 유럽에 이르기까지 전래되고 있는
실정이다. 따라서 우선 이와 같은 화두가 지니고 있는
그 성격에 대한 이해를 통해서 간화선 수행에 한 걸음
다가가 보기로 한다.

화두란 직접 선에 참여하여 깨친 사람들이 그 깨침의

경지를 표현해 놓은 말과 행위를 가리켜 일컫는 말이
다. 그 말과 행위는 다른 사람들에게 보여주려는 의지
가 없었던 사람도 있는가 하면, 특히 남을 위하여 깨친
심경을 보여주려고 하여 말하거나 행동한 사람도 있다.
어쨌든 그 말과 행위는 완전히 깨침의 경지를 표현하고
있어서 아직 깨치지 못한 사람들에게는 결코 이해할 수
없지만 이미 깨친 사람들에게는 곧 가장 상식적이고 정
당한 것이 된다. 간단한 말과 행위이면서도 이처럼 깨
친 사람과 깨치지 못한 사람에 대한 경계의 차이를 나
누는 표준기준으로 삼을 수 있다는 점이 화두가 지니고
있는 특질 가운데 하나이다.

　화두의 이와 같은 특질을 깨치지 못한 자라면 전혀
얼토당토 않는 생각을 가질 것이다. 바로 이처럼 깨치
지 못한 자로 하여금 그가 지니고 있는 상식으로는 이
해할 수 없다는 세계가 있음을 의식하게끔 한다. 그 결
과는 왜 이러한 말과 행위가 있는 것일까, 이러한 인생
과 우주는 과연 실재하는 것일까 등의 의문을 불러일으
키기에 충분하다. 원래 인간에게는 신기한 사물을 접할
경우 그것에 타당한 해석을 부여하지 않고는 못배기는
성질이 있다. 하물며 그러한 사람들에게 인생의 현실에
대한 불만과 불안에 대하여 그 해결을 모색하고 안정된
세계를 동경하는 종교적 요구가 작용하고 있을 경우에
는 화두가 지니고 있는 이러한 특이한 성질은 대단히
매력적인 힘으로 그러한 사람들을 사로잡았다.

선에서는 흔히 크게 의심하면 크게 깨친다는 대의대오(大疑大悟)를 말한다. 인생의 현실에 대한 불만과 불안이 깊어지면 깊어지는 만큼 화두에 대한 관심은 깊어지고 또한 완전을 향해 나아갈 것이다. 왜냐하면 현실에 대한 사색탐구가 엄밀하게 이루어지고 그 행위의 귀결이 분명해질 때야말로 현실과 정반대의 입장에 있는 모든 성질의 색다른 깨침의 경지의 존재가 유일한 가치가 되리라는 희망으로 나타나기 때문이다. 이리하여 화두는 단순히 깨친 자의 심경을 나타내는 말과 행위에 그치지 않고 아직 깨치지 못한 자의 마음을 사색의 심연에 이르게끔 분발시켜 깨침의 경지에 나아가는 매개의 작용을 하는 것이다.

따라서 화두 자체를 두고 깨침으로 나아가는 단순한 수단으로 보는 경우도 있다. 물론 화두는 깨침을 얻기 위한 도구로 출발을 한다. 그러나 화두를 참구해 나아가는 수행의 과정은 결코 깨침과 그것을 획득하기 위한 수단으로만 보기에는 무리가 있다. 왜냐하면 제일단계에서는 내가 있어 화두를 참구한다. 그래서 나는 나이고 화두는 화두이어서 나와 화두가 별개로 존재한다. 그러나 점차 화두수행이 깊어짐에 따라 제이단계에서는 화두를 참구하는 내가 화두가 되고 화두가 내가 되는 경지 곧 화두일념(話頭一念)이 된다. 여기에서는 단순히 화두가 참구대상으로서의 화두만은 아니다. 화두는 다름아닌 의심이면서 곧 나이기 때문이다. 나아가서 제삼단계에서는 여전히 화두는 화두이고 나는 나이다. 화두와 내가 별개이지만 이미 화두일념의 과정을 거친 화두이기 때문에 깨침의 화두이다. 여기에서는 더 이상 의문의 대상인 화두가 아니라 깨침이 드러난 대상인 화두이다. 이미 화두는 목적 내지 지향해야 할 대상 곧 깨침으로서의 화두이다. 여기에서는 더 이상 수단이 될 수가 없다. 화두수행의 자체이고 나아가서 자기의 자신이다.

특히 화두수행을 주창하는 간화선법에서는 모든 판단의 기준이 화두가 된다. 여기에는 하나의 화두가 전체를 대변하는 경우도 있을 뿐만 아니라, 각각의 화두가 개별적으로 그리고 나름대로 의의를 지니고 있기도 하다. 따라서 하나의 화두만 투과하면 온갖 화두가 해결된다는 경우가 있는가 하면, 또한 낱낱의 화두를 별도로 투과해야 한다는 경우가 있다. 이것은 화두의 역사상에서 나타난 화두관이기도 하다.

화두와 동일한 의미를 지니고 있는 공안이란 법령과 동일한 의미로 해석되고 있다. 그러기에 공안을 예로부터 전승해 내려온 법령과 같다는 의미에서 고칙공안(古則公案 : 옛 선인의 모범적인 일화로서 수행과 깨침으로 나아가는 일종의 지남으로 간주되는 공안) 내지 고칙이라고도 한다. 여기에서 칙(則)이란 법칙을 의미하기 때문에 법령과 동일한 뜻이다. 법령은 국민의 생활을 보증하고 보호하는 것이 목적이지만 자칫 그것이 저촉되는 자가 있으면 단연코 그 조문에 따라 처분한다. 법령은 국가의 의지의 소재, 곧 권위를 나타내는 것이다. 이 공안이라는 용어를 선자의 깨침을 표현하는 말과 행위로 전용하여 깨침의 권위를 나타내는 화두로 삼은 것은 타당한 사용법이다.

또한 법령이 아무리 완비되어 있어도 그 존재를 알고 그것을 지키는 국민의 관심이 없다면 공문(空文)에 불과할 것이다. 법령에는 그 대상인 국민이 없으면 무의미하다. 만약 국민에게 국가의 질서를 유지하려는 의욕이 왕성하다면 잘 완비된 법령이 없어도 임시의 계약이라든가 무엇이라도 만들어 그 목적을 달성할 수 있을 것이다. 화두의 경우도 마찬가지이다. 아무리 완전하게 깨침의 경지를 표현한 화두가 있다 하더라도 그것에 관심을 지닌 종교적 요구가 깊은 사람이 없다면 거기에서 그 화두의 의의는 발견할 수 없을 것이다. 마치 돼지에게 진주를 던져주는 꼴이 되고 말 것이다.

이에 반하여 종교적 요구가 깊은 사람이 있다면 고칙은 마치 굶주린 자가 밥을 만난 듯이 그리고 목마른 자가 마치 물을 만난 듯이 기뻐할 것이다. 그렇지만 만일 고칙이 없다 하더라도 이러한 사람은 우주 일체의 사물을 의심하고, 나아가서 모든 것에 대하여 화두와 같은 성질을 부여하여 마침내 깨침의 경지에 대한 매개작용을 찾아내기에 이를 것이다. 그리하여 일단 깊은 종교적 의문을 품은 자에게는 일체의 사물, 곧 하늘에 떠있는 일월성신도, 하늘을 떠도는 구름도, 새소리도, 거위의 울음도, 푸른 버드나무도, 붉은 꽃도 모두가 회의의 대상이 되지 않는 것이 없어 의심의 투철에 대하여 깊고 옅음은 있을지라도 의심이 있으면 반드시 깨침의 경지가 전개되어 간다. 그래서 일체는 화두가 지니고 있는 깨침의 경지에 대한 매개역할을 하는 것이다.

이러한 이유는 다른 측면에서 설하는 것이 편리할지도 모른다. 선자의 깨친 입장에서 말하자면 고칙의 참구를 기다릴 필요도 없이 우주의 삼라만상이 모두 깨침을 표현하고 있는 것이므로 하나의 미세한 티끌도 예외는 아니다. 인간이 벌이는 행위의 어떠한 것도 마찬가지이다. 인간은 본래 해탈의 경지에 있는 안심의 한가운데에 있다는 것이 당나라 시대에 형성된 조사선의 입장이다. 따라서 깨침은 모든 사람에게 구족된 채로 개개인에게 원만하게 성취되어 있어서 굳이 이것이다 혹은 저것이라고 언급할 필요가 없다. 조사들이 흔히 말하는 것 가운데 자신에게는 어떤 법도 다른 사람들에게 전해 줄 것이 없다고 말하거나, 그리고 일생동안 노력하여 수행한다고 해도 가히 얻을 만한 법이 하나도 없다고 말하는 것 등은 바로 이것을 말해주는 것이다.

이와 같은 견지에서 말하자면 석존께서 49년 동안 행한 설법도 평지풍파에 불과하고, 조사들의 천 칠백 가지의 화두도 똥 묻은 휴지만큼도 가치가 없다고 할 수 있다. 선에서는 일체가 이와 같은 성질을 지니고 있다.

이런 것들이 깊은 종교적 요구를 지닌 사람들에 대하여 그 진상을 누설하여 깨침의 경지로 향하는 매개의 작용이 된다는 것은 당연하다고 하지 않을 수 없다. 이러한 의미에서 우주에 있는 일체법은 광의의 화두이다. 그 때문에 고봉원묘는 『선요(禪要)』에서 선자가 선을 궁구하는 필요조건으로서 반드시 대신근(大信根)·대의문(大疑問)·대분지(大憤志) 등을 언급하고 있는 것은 바로 이 때문이다.

인간의 종교적 요구는 처음 현실생활의 불안으로부터 일어나 점차 심화되고, 막연한 것으로부터 명료한 것으로 진행되어 나아가며, 그 사람의 성품과 전통적으로 지니고 있는 종교의 영향에도 의존하는가 하면, 혹은 신의 사랑에 의하여 구제되기도 하고 불의 자비에 완전한 안정에 들기도 하지만 신과 불을 의심하고 마침내는 신과 불을 의심하는 자신까지도 의심하여 선문에 들기도 한다. 이러한 경우에 어쨌든 그 방향을 정하지 못하고 있는 요구를 선문으로 이끌어 들인 것은 바로 역사적 사실에서 찾아볼 수 있는 훌륭한 부처와 조사의 행위와 깨침을 얻은 사람들의 안심이라 할 수 있는 깨침의 경지를 표현한 화두가 그것이다.

이러한 것들을 견문하여 확실하게 자기의 요구를 만족시킬 수 있는 방법이 여기에 있음을 믿고 그것을 획득하기 위해서는 어떤 노력도 마다하지 않을 결심이 있어야 비로소 실제로 선을 향한다고 할 수 있다. 역사적으로 보아도 저절로 일어난 자기의 종교적 의문을 스스로 정리하고 홀로 스스로 수행하여 독창적으로 깨침을 얻은 예는 극히 희박하다. 대부분은 부처와 조사의 화두를 실행함으로부터 시사를 받아 그 의문을 정리하고 방향을 결정하여 노력한 사람들이다.

이미 설한 바와 같이 우주의 일체가 그만큼 완전하게 깨침의 경지를 표현하고 있다면 왜 종교적 의문을 지니고 있는 사람들에게 그것들이 직접으로 그 진리를 보여주고 있는 경우가 많지 않은가. 그 이유를 말하자면 선은 아직 깨치지 못한 사람들에 대해서는 우주도 자연도 고칙도 반드시 한 번쯤은 마치 은산철벽(銀山鐵壁 : 좌선수행에서 더 이상 나아갈 수 없다고 느끼는 극한의 상황)처럼 전혀 단서를 잡을 수 없는 존재라는 것을 경험하게끔 한다는 것에 있다. 그러나 마찬가지로 전혀 단서를 잡을 수 없는 존재라 하더라도 고칙은 이미 그것을 보여주는 사람과 고칙을 참구하는 사람을 매개로 하고 있다. 그래서 수행하는 당사자의 체험을 표현함에 있어서 보다 엄밀한 의미에서 말하자면 깨침은 더 이상 전달대상의 진리는 아니다. 그렇다고 해서 아직 깨치지 못한 사람에게는 깨침이 자기의 가까이 전달되지 않았다는 것은 아니다. 오히려 언제든지 어디에서든지 없는 때가 없고 없는 곳이 없을지라도 그것이 언제 전달될는지 모른다는 의식을 지니게 한다. 내 주변의 전체가 깨침이고 깨침의 매개체이기 때문이다.

우주 일체의 사물 곧 천연의 화두는 진리 그 자체이고 깨침의 경지 그 자체이다. 깨치고 깨치지 못하고 하는 것에는 하등 경계의 차이가 없다. 화두라는 것만으로도 완전하고 위대한 것이다. 어떤 흠도 없이 완전한 것을 의미하는 천의무봉(天衣無縫)으로서 어떤 부족함도 없다. 천연의 화두가 이와 같이 무언이고 절대임에 비하여, 고칙으로 정립된 화두는 소리와 자취로 나타내어 참선납자를 유도하고 그 요구를 자극하여 그 성공의 가능성을 믿게끔 한다. 이러한 차이가 바로 근본적인 이론으로서 실제상 화두선 수행에 크게 도움이 된다.

6. 간화선의 수행

1) 화두의 기능

세상의 많은 종교 가운데 불교가 지니고 있는 특징 가운데 하나는 깨침의 수행을 중시한다는 점이다. 불교에도 모든 종교에 반드시 필요한 종교의례 내지 기도가 없는 것은 아니다. 그러나 여타의 종교에 비하여 자신의 마음을 직접 밝혀 절대자의 구제를 받기보다는 스스로의 깨침을 추구한다는 점에서 독특하다. 그 깨침을 추구하는 데 있어서도 많은 수행을 의용하고 있다. 그러나 이 가운데서도 좌선수행은 깨침에 나아가는 방법으로 일찍부터 중시되어 다양하게 개발되어 왔다. 인도에서 전통적으로 진행되었던 관법을 비롯하여 중국에 건너와서 발전된 지관수행, 그리고 송대에 확립된 간화선과 묵조선의 창출 등이 그것이다. 이 가운데서 간화선은 선종의 수행방식에서 지대한 영향을 끼쳤다.

그 발생은 온전히 중국적인 사유의 구조 속에서 등장하였다 해도 과언이 아니다. 곧 인도에서의 선정수행은 제법의 생멸과 연기의 구조를 통한 직관에서 단계적으로 번뇌를 멸하고 지혜를 개발하는 방식을 취해 왔다. 그래서 선정의 삼매에 있어서도 마음속에서 나타나는 변화에 따른 단계를 설정하여 많은 선의 교리에 대한 천착이 있었다. 이와는 달리 중국에서 전개된 선종의 경우에는 깨침에 단계성을 인정하면서도 그보다는 마음을 밝혀 곧장 깨침의 세계에 들어간다는 돈오의 입장을 강조한 것이 사실이다. 따라서 깨침의 구조를 논하기보다는 우선 깨침의 성격에 관심을 기울였던 것이 사실이다.

여기에서 깨침의 성격이란 깨침 자체가 무엇이냐에 대한 구명이 아니다. 오히려 수행을 통한 결과로서 도달된 상태에서 그것을 어떻게 규정짓느냐에 대한 것이었다. 왜냐하면 깨침의 경지란 자기 마음의 경지로 간주하여 감히 이러쿵저러쿵 언급하는 것을 회피해 온 것이 사실이다. 이것은 마치 벙어리가 꿈을 꾸었으나 꿈속에서 본 것을 표현하지 못한 것과 같다. 그러나 꿈을 꾸었으면 언설로 표현이 가능해야 한다. 그래서 이 깨침에 대하여 비유나 상징을 통하여 어떤 측면으로든지 논증이 없어서는 안 된다.

그럼에도 불구하고 깨침 자체에 대한 논증을 회피해 온 것은 깨침 그 자체가 지니고 있는 언설불급이라는 특징 때문이기도 하지만, 그것을 논하는 것은 곧 그 경지에 이르러서야 비로소 가능하다는 것으로 미리부터 주눅이 들어 감히 언급조차도 회피하려는 일종의 현애상(縣崖想 : 처음부터 접근하기 어렵다는 마음을 일으켜서 수행을 포기하는 생각) 때문이기도 하다. 그러나 언제까지나 그렇게 묻어두어서는 안 된다. 왜냐하면 여타의 종교에서는 절대적인 존재에 대한 논의를 부정하고 있지만 불교에서는 불신(佛身) 자체까지도 문제로 삼아 논하는 것이 그 특징이기 때문이다.

따라서 어떤 방식으로든지 깨침 자체에 대한 논증은 전개되어야 할 필요가 있다. 이러한 이유에서 중국의 선종에서는 그 깨침에 대하여 좌선을 통한 마음의 발견 내지 사물을 통찰하여 얻는 반야직관의 획득에 대한 돈점이라는 과정상의 문제에 치중하였다. 곧 깨침의 결과[證]보다는 수행의 행위[修]에 중점을 두었다. 그 과정에서는 다시 그 깨침을 얻는 방법으로 무엇을 어떻게 해야 하는가가 곧 수행방식의 다양한 전개를 초래하게 되었다.

그와 같은 분위기에서 간화선이 등장하였다. 간화선

이 등장하게 된 필연적인 근거는 아무래도 올곧은 수행을 진행시키기 위한 모색에서 찾을 수 있을 것이다. 특히 초심자가 좌선에서 겪는 가장 어려운 점 가운데 하나는 망상으로 인한 산란심과 적적공무(寂寂空無)에 떨어지는 혼침을 쉽게 추스리지 못한다는 데 있다. 이것이 타성화되면 오랫동안 수행을 해온 구참납자라도 예외는 아니다. 바로 이와 같은 문제점을 제거하기 위하여 제시된 가장 효과적인 방식이 화두를 드는 것이다. 화두를 참구함으로 인하여 화두에 전념하기 때문에 부산하게 일어나는 망상을 피우지 않게 되고 동시에 살아있는 송장처럼 죽어 있는 듯 살아있는 듯 하는 혼침도 제거할 수가 있기 때문이다. 따라서 화두에 전념하여 화두일념의 상태가 되면 더 이상 산란심과 혼침을 발붙일 곳이 없어지고 만다. 이러한 문제를 해결하기 위해서 간화선에서는 화두를 든다.

그런데 바로 이와 같은 화두일념의 상태에 들어가기가 쉽지 않는다는 데에 문제가 있다. 많은 사람의 경우 생각대로 쉽게 화두가 들리지 않는 데에는 그만한 이유가 있다. 첫째는 좌선이 습관적으로 몸에 배지 않은 탓이고, 둘째는 경험이 부족한 까닭이며, 셋째는 마음을 간절하게 화두에 매어두지 않기 때문이고, 넷째는 화두에 대한 절대적인 확신의 부족이다.

첫째와 둘째는 자꾸자꾸 반복을 통해서 어느 정도 극복할 수가 있다. 그리고 넷째는 발심의 문제에 관련되어 있어 일단 구도심을 낸 사람이라면 그 지속성이 문제가 된다. 그러나 셋째의 화두에 대한 간절한 마음은 당사자가 의도적으로 정신을 집중하는 수련이 뒤따르지 않으면 안 된다. 이것은 근기의 문제가 아니다. 여기에서 산란심과 혼침이라고 둘로 나누어 이야기하고 있지만 정작 이 둘은 그대로가 자신의 본지풍광이고 본래면목이라는 것을 알아차려야 한다. 왜냐하면 본래 산란심과 혼침은 둘이 아니기 때문이다. 자신이 산란심과 혼침을 굳이 없애려 하지 않아도 그 자체가 본래 허망한 것인 줄 알고나면 더 이상 떠오르지 않는다. 산란심과 혼침이 생기는 것은 마음이 간절하지 않기 때문이다.

이처럼 화두를 드는 마음이 진실하지 못하고 간절하지 못하면 자연히 쓸데없이 바라지도 않은 마음이 파고들어 걷잡을 수가 없어지기도 하고, 혹은 혼미하여 비몽사몽 헤매다가 끝나고 만다. 하나의 망상은 또 다른 망상을 일으켜 끝없이 망상분별과 혼몽에 빠져 스스로 허깨비를 보고 자신이 어떤 경지에 오른 것처럼 착각에 휩쓸리고 만다. 이러한 상태가 하루 이틀 지나다 보면 거꾸로 그것이 진실한 것인 줄 알아 점점 고치기가 어렵게 되고 만다. 처음부터 확실하게 해결하고 넘어가야 한다. 다음과 같은 이야기가 있다.

옛날 어떤 수좌는 좌선을 하면 항상 커다란 거미가 나타나서 자신을 물고 뜯으면서 좌선을 방해하였다. 그리하여 도저히 좌선수행을 제대로 할 수가 없게 되자 스승에게 참문하였다. 그래서 좌선에서 또 거미가 나타나자 미리 준비해 둔 붓에 먹을 묻혀 그 거미의 둥그런 배 한가운데 큼지막하게 동그라미를 그려 표식을 해 두었다. 그리고 좌선에서 깨어나 보니 자신의 불룩한 배 한가운데 그 동그라미가 그려져 있는 것을 보고 깨우칠 수가 있었다.

이와 같이 화두를 드는 마음이 간절하지 못하면 그 틈을 타고 혼침과 산란심이 일어나는 것이다. 만약 처음부터 마음이 간절하여 그것이 지속되면 혼침이나 산란심은 자취도 찾아볼 수가 없다. 그래서 고인은 좌선하는 마음이 진실하고 간절하지 못한 것은 탓하지 않고 산란심과 혼침이 좌선에 방해가 된다고 불평하는 사람들을 꾸짖었다. 곧 깜깜한 방에 들어가 사물이 보이지 않자 어두운 방에 들어온 것을 탓할 줄 모르고 멀쩡한 자신의 눈을 탓한다는 것이다. 또한 고인은 진실하고 간절하게 화두를 드는 사람이 산란심과 혼침을 느낀다면 그것은 말도 안 되는 이치라고 말하였다. 그렇다고 산란심과 혼침을 애써 물리치려고 하는 것도 잘못이다. 설사 억지로 그것을 물리쳐 눈앞이 깨끗해졌다 하더라도 그것은 머리 위에다 다시 머리를 얹어놓은 듯이 잘못 가운데 다시 잘못을 저지르는 일이라고 하였다.

화두를 드는 좌선에 있어서 무엇보다도 자신의 진실한 마음자리를 파악할 줄 알아야 한다. 진실한 마음자리를 깨치고 보면 보리와 번뇌가 둘이 아니고, 중생과 부처가 다르지 않다는 도리를 터득한다. 산란은 산란한 마음 그대로, 혼침은 혼침의 마음 그대로 볼 줄을 알아야 한다. 그대로 볼 줄 알면 혼침이 더 이상 혼침이 아니고, 산란심이 더 이상 산란심이 아니다. 오직 화두에 매달리는 간절한 마음이 부족하여 생기는 것임을 터득하게 된다.

그런데 화두를 드는 간절한 마음의 지속은 어디에서 생기는가. 그것은 아무래도 무언가 부족함을 느끼는 마음에서 가장 간절할 수가 있다. 자신이 갖지 못하고 느끼지 못한 것을 항상 마음에 담아두고 기회가 오기를 기다리는 마음이 그것이다. 이런 의미에서 초심자의 마음은 무엇보다도 순수하다. 처음 무엇을 시작하는 사람의 마음속에는 무한한 가능성을 내포하고 있다. 그것은 자신이 도달하지 못한 것에 대한 끊임없는 갈망과 희구에서 비롯된다. 좌선하는 마음도 마찬가지이다.

옛날 어떤 사람은 속가에 있으면서 도를 구하는 마음이 간절하여 7권 『법화경』을 외우기 시작하였다. 4권까지 줄줄 외우고 나자 무엇인가 자신감이 붙어 출가를 결심하게 되었다. 속가에 있으면서도 4권을 외웠는데 출가를 하고 나면 나머지는 쉽게 외울 수 있을 것이라고 생각하였다. 정작 출가를 하고 나니 모든 여건이 구비되어 있어 간절한 마음이 사라져 버렸다. 그리하여 20년이 지나도록 나머지 3권을 외우지 못하였다. 게다가 이전에 외웠던 4권마저도 몽땅 잊어버리고 말았다.

　항상 있을법한 이야기다. 자신이 가지지 못한 부족함을 느끼는 것만큼 간절한 경우는 드물다. 무언가를 기대하는 사람은 마음속으로 뭔가 부족하다고 여기게 마련이다. 반대로 목적을 달성한 사람은 마음이 편안하다. 그러나 구도심을 내는 사람이라면 그 목적 달성에 안주해서는 안 된다. 마음속으로 늘상 무언가 부족하다는 생각을 지니고 있어야 한다. 부족하다고 느끼는 마음에서 구도심을 끝없이 지속될 수 있기 때문이다. 마음이란 제아무리 편안하고 목적을 달성했다 하여도 인연 따라서 청정해지기도 하고 더러워지기도 한다. 한 순간에 온갖 갖추기도 하고 잃어버리기도 한다. 그래서 마음의 이러한 도리를 깨치지 못하면 한 순간의 목적달성이란 공염불이 되고 만다. 정작 자신이 그 조건을 구비하고 나면 이제는 게으름에 빠지고 만다. 더욱이 안하무인의 마음이 생긴다.

　그래서 부처님께서는 검소와 겸양의 덕을 설하셨다. 속가에 몸담고 있다고 해서 출가생활을 부러워할 필요는 없다. 속가의 여건에서 오히려 자신의 부족한 점을 충족하기 위한 발판으로 삼아 더욱 정진하려는 마음으로 되돌린다면 어찌 도솔천인들 부럽겠는가. 우리가 살고 있는 사바세계는 즐거움의 세계인 극락과 괴로움의 세계인 지옥과 달리, 즐거움과 괴로움이 함께 하는 곳이다. 즐거움은 이만큼 즐거울 수 있다는 기대와 희망으로 필요하고, 괴로움은 괴로움을 벗어나려는 간절함

으로 필요하다. 여기에서 더욱더 정진에 정진을 가하여
깨침을 추구하려는 욕구가 생긴다.

2) 화두참구의 요소

선수행에서 등장한 숱한 일화 내지 의도적으로 스승
이 제자를 이끌어주기 위해서 내세운 정형적인 가르침
에 화두라는 의문방식이 있다. 따라서 제자가 스승으로
부터 받은 화두는 단순한 의문의 대상만은 아니다. 의
문의 대상임과 동시에 믿음의 대상이다. 따라서 예로부
터 간화선 수행에 있어서 대신근(大信根)·대의문(大疑
問)·대분지(大憤志)의 세 가지가 필수적인 요소로 언
급되었다.38)

대신근은 화두 자체를 믿음과 함께 화두를 제시해 준
스승의 가르침을 믿는 것이다. 자신이 화두수행을 통해
서 반드시 깨침에 이른다는 사실과, 화두수행을 이루어
낼 수 있다는 자기를 통째로 믿는 것이다. 이것은 불교
의 인과법만큼이나 명확한 명제이기도 하다.

대의문은 대신근의 바탕 위에서 화두 자체에 대한 의문
을 지니는 것이다. 자신이 해결해야 할 지상의 과업으
로서 화두를 들어 그것을 투과할 때까지 내 머리를 내

---

38) 원나라 시대 고봉원묘의 어록인 『高峰原妙禪師語錄』에서 화두를 참구
하는 데 필요한 세 가지 요소로서 대신근(大信根)·대분지(大憤志)·대의정
(大疑情)을 언급하고 그에 따른 비유를 들어 설명하였다.

어줄 것인가 화두의 의문을 해결할 것인가 하는 치열한 행위이다. 여기에서의 의문은 단순한 의문이 아니다. 자신의 본질적인 문제에 대한 의문으로서 그 누가 대신 해답을 제시해 줄 수 있는 것이 아니다. 자신의 철저한 체험을 통하여 스스로 냉난자지(冷暖自知는 자신이 직접 물을 만져보고서 그 물이 차가운지 따뜻한지를 아는 체험의 경지를 말한다)하는 수밖에 없다. 크게 의심하면 크게 깨친다는 말이 헛된 말이 아니다. 그래서 의문이 더 이상 의문에 머물러 있지 않고 확신을 자각하게 되는 순간까지 잠시도 방심하지 않고 오매불망 화두에 매달리는 것이다. 나아가서 화두가 자신에게 매달리는 경험을 하고, 궁극적으로는 자신과 화두가 하나가 되는 경험이 화두일념이다. 화두일념을 통하여 더 이상 자신과 화두라는 분별과 그에 대한 의문이 사라지는 순간까지 지속적으로 밀고 간다. 여기에서는 화두 이외에 부처도 조사도 용납되지 않는다. 오로지 화두만 있을 뿐이다. 그 속에서 화두를 들고 있는 자신은 항상 성성력력(惺惺歷歷 : 분명하게 깨어 있는 상태를 말한다)하게 그리고 공적영지(空寂靈知 : 몸의 고요한 상태와 마음의 깨어있는 상태를 의미하는 것으로서 定과 慧에 비유되기도 한다)하게 깨어있는 것이 중요하다.

대분지는 위의 화두를 줄기차게 진행시켜 나아가는 정진이다. 단순하게 의문만 가지고는 오래 계속하지 못한다. 그 의문을 해결하기 위한 맹세 내지 오기가 필요하다. 이 세상에 한 번 태어나지 않은 셈 치고 화두를 들다가 죽을지언정 화두에서 물러나지 않으려는 고심참담한 노력이다.

이와 같은 화두선에서 가장 대표적으로 등장한 것이 곧 구자무불성화(狗子無佛性話 : 조주와 그 제자 사이에 있었던 일화로부터 연원하였지만, 정작 화두로서 기능은 북송시대의 오조법연으로부터 비롯된다)로서 흔히 무자화두(無字話頭)라 한다. 무자화두는 조주와 그 제자 사이에 있었던 일화에서 유래된 것이다. 개한테 불성이 있느냐는 제자의 질문에 조주는 '무'라고 말했다는 것이다. 바로 이것이 후에 무자화두로 전개되었다. '무'라는 답변이 아닌 그 글자에 대한 의문방식이 무자화두이다.

그러나 화두를 드는 것에 있어서 반드시 유념해야 할 것이 있다. 그것은 화두에 대한 의문방식이 '왜'가 아닌 '무엇'이라는 것이다. 곧 '왜'의 방식은 화두에 대한 분별심만 키울 뿐이다. '왜'라고 묻는 것은 과학이고 수학일 뿐이다. 화두는 과학도 아니고 수학도 아니다. 논리를 초월한 소위 초월논리이다. 따라서 반드시 '무자'라는 방식으로 접근해야 한다는 것이다. '왜'는 해답을 기다리는 질문이다. 이미 제기된 질문[화두]에 대하여 대신근이 결여된 상태에서의 질문일 뿐이다. 그러나 '무엇'의 방식은 특별한 해답을 요구하지 않는다. 이미 제기된 질문[화두]에 대한 대신근의 바탕에서 이루어지는 참구방식이다. 그래서 무자화두에 대하여 '그것이 무엇인가.'라는 참구방식으로 접근하는 것이다. 화두에 대하여 '왜' 라고 접근하는 방식은 분별망상일 뿐이다.

일찍이 대혜는 화두에 의해서 자기의 망상을 제거하는 것을 그 하나의 목표로 삼았다. 대혜는 가령 조주선사의 무자화두를 강조함에 있어서도 무자삼매에 들어 내외가 타성일편되는 심경에 도달하여 그것으로써 모든 분별망상의 삿된 생각을 불식시켜 나아가도록 하였다. 대혜의 그 둘째 목표는 화두에 대하여 대의단을 불러일으켜 깨침에 도달하는 것이다. 그리하여 화두를 들지 않고 의심이 없이 묵묵히 앉아 좌선만 하게 되면 썩은 장작과 같이 아무런 생명도 없고 아무런 내용도 모르는 고목선(枯木禪 : 단지 앉아있는 것을 능사로 간주하는 잘못된 좌선이다)과 암증선(暗證禪 : 아무것도 모르면서 그것을 무분별심의 상태로 간주하는 잘못된 좌선이다)에 빠진다고 하였다.

그러나 의심에 의심을 더해가면서 마냥 깨치는 날이 오기만을 기다리는 것은 금물이다. 깨침을 기다려서는 안 된다. 화두만 들고 있으면 언젠가는 저절로 깨치는 때가 오겠지 하는 소위 대오지심(待悟之心)을 배격하는 것이다. 의심은 의심으로 충분한 가치를 지니고 있다. 아무리 깨침이 목표라 해도 그 목표는 의심의 끝에 획득되는 것이지 그 획득을 기다리는 마음으로 의심을 해서는 안 되는 것이다.

석가모니는 노사로부터 무명에 이르는 역관(逆觀)과 무명으로부터 노사에 이르는 순관(順觀)의 방법으로 십이연기를 관찰하였다. 초저녁부터 계속된 연기의 관찰은 세 차례 반복되면서 새벽녘에 이르러 어느 순간 샛별과 눈이 마주쳤다. 그 순간 온갖 지금까지 관찰해 오던 연기법의 이치를 완전히 확신하고는 마침내 깨침을 얻은 것이다. 곧 샛별을 보다가 깨친 것이 아니라 샛별을 보는 순간 깨친 것이다. 만약 샛별을 보다가 깨친 것이라면 그것은 연기법의 관찰이 아니라 하늘의 별을 관찰한 꼴이 되고 만다.

　하나의 화두에 전념하면 그것이 내면에 깊숙하게 의문덩어리로 자리잡게 된다. 여기에서 그 의문을 지속적으로 진행시켜 나아가다 마침내 그것을 타파할 수 있는 하나의 계기가 생긴다. 그것을 화두 타파의 기연이라 한다. 그 기연을 통하여 마침내 빙소와해(氷消瓦解 : 봄바람에 흔적도 없이 얼음이 녹고 기와집이 일시에 붕괴되는 모습이다)처럼 말끔하게 의문이 해소되는 과정이 화두의 타파이다.

　화두의 모습은 개개인에 따라서 천태만상이다. 이리하여 화두는 어느 것이나 그때그때의 깨침의 경지를 나타내어 참학자를 깨치게 하는 것이지만, 완전하게 깨침을 표현하여 깨친 자와 깨치지 못한 자의 경계를 분명히 한 화두는 후대까지도 도를 구하는 자나 의심을 품는 자에 있어서는 권위 있는 가치가 되기도 하였다. 그 결과 상황에 따라 후대의 참학자들은 자기의 의문에 해당하는 화두를 만나면 그 화두를 의심하고 그 화두를 해결함으로써 자기의 의문을 해결하려고 열심히 노력을 기울이게 되었다.

그 경우 선인의 화두는 바로 참학자의 화두가 된다. 또한 살아 있는 안목을 갖춘 스승은 참학자가 의문으로 삼는 것을 알고 혹 얼이 빠져있는 것을 알아 그 의문의 해결에 도움을 준다든가, 얼이 빠져있는 것을 반성토록 하는 데 있어서 적당하게 선인의 화두를 제시하여 보여주는 경우도 생겨났다. 이러한 경우에 그 화두는 결코 다른 사람으로부터 빌려 온 것이 아니라 완전히 그 스승 자신의 것임을 보여준다. 이리하여 참학자가 스스로 선택하거나 스승으로부터 제시받아 자기의 본래면목에 대하여 참구하는 화두를 본참화두(本參話頭)라고 한다.

3) 화두참구의 방식

선은 학문만이 아니다. 실지로 수행을 토대로 하는 철저한 자력수행의 종교이다. 수행을 떠나서 선은 없다. 그런데 이 선수행을 하는 데에는 절대불가결한 조건, 곧 근본적인 조건이 하나 있다. 그것은 바로 유명한 혜가단비(慧可斷臂는 二祖斷臂 또 雪中斷臂라고도 말한다. 혜가가 달마에게 자신의 팔을 잘라서 구도심을 보인 일화이다. 곧 혜가가 달마에게 몸과 목숨을 아끼지 않고 철저한 구도심을 표현한 일화로서 후대의 전형적인 모범이 되었다)의 고사에서 볼 수 있는 것처럼 맹렬불퇴(猛烈不退)·불석신명(不惜身命)의 구도심이다.

보리달마는 스승인 반야다라(般若多羅) 존자의 유언을 받들어 부처님의 마음 곧 불심인(佛心印)에 해당하는 대승선법의 생생한 진수를 중국에 전하기 위하여 노구를 이끌고 바다를 건너 중국에 도착하였다. 이때가 6세기 초반이었다. 그러나 중국에서 막상 마주친 상황은 너무나 달랐다. 아직은 시절인연이 도래하지 않았음을 알고 양자강을 건너 위나라 숭산 소림사에 들어갔다. 그리고 거기에서 사람들이 흔히 말하는 면벽구년(面壁九年 : 달마가 벽을 마주하여 9년 동안 좌선했다는 일화)이라 불렸던 좌선삼매의 생활을 시작하였다. 그러나 홀로 좌선삼매에 들어있는 행위는 결코 단순히 소승에서 말하는 나한의 경계라고 치부할 것이 아니다. 달마가 중국에 도래한 목적은 자신이 받은 불심인(佛心印)을 중국에서 누가 전해받을 만한 사람이 나타나기를 마음속으로 조용히 기다리는 행위였다.

한편 인생을 어떻게 살아야 할 것인가 하는 중대한 문제에 당면하여 그 해결을 유교와 노장의 가르침에서 추구하였으나 여의치 못하여 출가까지 했지만, 아직도 번민하고 있던 신광(神光은 혜가가 달마에게서 깨침을 인가받기 이전의 이름이다)이라는 40대에 접어든 사람

이 있었다. 그때 신광에게는 숭산의 소림사에 벽관바라
문(壁觀婆羅門)이라고 불리는 인도의 승려 보리달마라
는 사람이 있다는 소문이 들렸다. 신광은 그 사람이야
말로 내 번민을 해결하고 인생을 사는 방법에 대하여
명쾌한 지침을 줄 수 있는 사람이 아닌가 하는 기대를
갖고 곧바로 숭산의 소림사를 방문했다.

그러나 달마는 벽을 향해 묵묵히 좌선만 하고 있을
뿐 돌아보지도 않았기 때문에 신광은 자기의 뜻을 알리
지도 못했다. 신광은 그대로 돌아갈 수밖에 없었다. 이
후 몇 차례나 방문했지만 언제나 마찬가지였다. 그러나
번뇌가 더욱 치성해지자 마침내 음력 섣달의 추운 어느
날 '오늘이야말로 결단코 달마를 친견해야지. 그리고 내
인생의 대의문을 해결할 때까지 절대로 물러나지 말아
야지' 하는 굳은 결심을 하고 다시 소림사를 방문했다.
그러나 달마는 변함없이 반석과 같이 올올하게 좌선만
하고 있었다.

신광도 묵연히 동굴 밖에서 서서 미동도 하지 않았
다. 그러는 가운데 눈이 내리고 쌓여 마침내 황혼이 되
었다. 한기가 스며들어 뼈가 에는 듯이 춥고, 사방은 어
둠으로 적막하여 때때로 눈보라에 실려 오는 원숭이 울
음소리와 나뭇가지 끝에서 쌓인 눈이 쏟아지는 소리만
들려왔다. 그래도 달마는 한 번도 되돌아보지 않고 묵
묵히 좌선을 하였다. 신광도 무릎이 파묻히는 눈속에서
꼿꼿하게 서서 긴 겨울밤을 보내고 마침내 아침을 맞이

하였다.

그제서야 비로소 달마는 푸른 눈빛으로 신광을 바라보고 '그대는 오랫동안 눈 속에 서 있었다. 도대체 뭘 원하는가.'라고 입을 뗴었다. 신광은 자못 기뻐하면서 자신의 절실한 의문과 번뇌를 솔직하게 말씀드렸다. '제가 원하는 것은 대사께서 자비의 감로문을 열어 널리 중생을 구제해 주십사 하는 것입니다.' 이 한마디는 결코 틀리거나 거짓이 아니었다. 그러나 신광이 마치 남의 일처럼 널리 중생을 구제해 주시기를 청하는 것은 아직 철저하게 자기화되어 있지 않은 증거이다. 달마는 바로 이 틈을 놓치지 않고 아직 신광의 근기가 성숙되어 있지 않음을 파악하였다. 그러나 달마는 그리 쉽사리 신광을 인정하지 않았다.

달마는 신광을 타이르고는 다시 등을 돌려 좌선에 들어갔다. 이것이 바로 법에서는 인정을 눈꼽만치도 베풀지 않는다든가, 혹은 칼날 앞에서 사람의 목숨을 구한다는 선 특유의 방식으로서 매우 철저하고도 몹시 친절한 모습이다. 이것이 진정한 대자비이다. 진지한 구도심이 없는 사람에게는 법을 설하고자 해도 백해무익한 일이다. 신광은 달마에게서 이와 같이 악랄하고 냉혹한 취급을 받은 연후에 비로소 자신의 얄팍한 자신의 구도심에 대하여 반성을 하였다.

신광은 그 옛날 설산동자의 이야기를 떠올리고는 진지한 구도심 내어 마침내 자신을 팔을 잘라 새빨간 피가 새하얀 눈 위에 선명하게 아로새겨지는 것을 보면서 그것을 달마 앞에 내밀었다. 자신의 일편단심 구도심을 보임으로써 달마의 제자가 되기를 원하였다. 달마는 밤새 쌓인 눈 속에 서 있었던 신광의 불퇴전의 태도와 몸과 목숨을 아끼지 않았던 구도심에 드디어 마음이 움직였다. 그리하여 마침내 굳게 닫혀 있던 감로의 법문을 열고 그의 입문을 허락하였다.

신광은 후에 달마의 법을 이어 중국선종의 제2조가 된 태조혜가이다. 위의 인연을 흔히 혜가단비(慧可斷臂)라고 한다. 이처럼 선수행에서 반드시 필요한 자세가 절대 물러나지 않는 불퇴전의 결심이다. 현대와 같이 분주한 생활에서 살아가는 사람들에게는 쉬운 일이 아니다. 그러나 바로 이와 같은 사람들이야말로 진정으로 자신을 되돌아보는 여유가 필요하다. 그 여유는 당장 이 자리에서 깨침을 얻어야 한다든가 당장 부처가 되어야 한다든가 하는 조바심이 아니다.

깨침은 본래부터 자신에게 있었음을 자각하여 그대로 익혀 자기 것으로 만들어 나아가는 것이다. 어디서 빌려오거나 한순간에 퍼뜩 다가오는 것이 아니다. 그래서 깨침을 기다리는 마음은 특별히 경계의 대상이 된다. 그대로 앉아서 화두를 든다든가 좌선을 하면 그것으로 훌륭하다. 화두를 통해서 좌선을 통해서 깨침이 얻어지기를 기다려서는 안 된다. 곧 대오지심을 가져서는 안 된다. 깨침을 법칙으로 삼되[以悟爲則은 간화선의 수행에서 화두참구를 통한 깨침을 궁극적인 목표로 삼아서 수행하는 것을 가리킨다] 그것을 기다리는 마음으로 하지 말라는 것이다. 깨침을 기다리는 마음은 대의단이 아니라 한낱 쓸데없는 분별심일 뿐이다.

그래서 고려시대 진각혜심은 간화선의 참구에 있어서 대오지심(待悟之心 : 화두참구에서 화두에 대한 간절한 의심이 없으면서 그저 깨침이 저절로 도래할 것이라는 막연하게 기다리는 행위를 말한다)을 갖지 말 것을 거듭 강조하고 있다. 대오지심은 모든 지해의 근원을 이루고 있기 때문이다. 다시 말해서 깨침을 기다리는 마음을 갖는다는 사실 자체가 자신을 아직 깨치지 못한 중생으로 미혹에다 자승자박해버리는 것이다. 그것은 깨침을 얻기 위해서 갖가지 계교를 부리거나 사량분별하게 만드는 근원처이기 때문이다. 바로 이 대오지심의 부정은 철저하게 지해를 타파하여 대오지심이 없이 자신이 곧 부처임을 확신하고 드는 간화, 즉 더 이상 깨침에 있어서까지도 얽매이지 않는 대의단의 행위이다. 이것은 곧 자신이 곧 부처라는 확고한 신심을 바탕으로 하여, 일체지해의 근원인 대오지심을 타파한 상태에서 오로지 화두에 전념하는 것이다.

주의해야 할 것은 그 지해의 근저에 다름아닌 대오지심이 도사리고 있다는 것을 알아차리는 것이다. 알아차리고 나면 더 이상 그에 대한 집착이 없어 깨침에 대한 번뇌가 사라진다. 일찍이 고려시대의 진각혜심은 '화두

를 드는 한 방편문이 있다. 그것은 가장 빠른 길로서
지·관(止·觀) 및 정·혜(定·慧)가 바로 그 가운데 있다.'
고 하였다. 이것은 무심하게 화두를 들라는 것이다. 간
화선 수행의 기본정신은 곧 무심(無心)은 무분별심이고
무집착심으로서 번뇌와 망념이 없는 경지를 말한다)이
다. 무심의 상태가 깨치는 것에 있어서 무엇보다 중요
하지만 무심이라는 생각까지도 없어야 참다운 무심이라
하였다. 그 때문에 무심한 후에도 간화를 해야 한다. 또
한 간화를 통하지 않고는 무심할 수도 없다.

　간화선 곧 화두선은 어떤 문제를 제시하여 그 문제에
대한 해답을 스스로 제시하는 방법으로서 무심합도(無
心合道 : 무분별심의 상태를 유지하여 깨침에 도달하는
행위를 말한다)를 드러내는 것이기 때문이다. 그래서
하나의 화두 이외에 어떤 화두가 다시 필요하지는 않
다. 화두에서는 진리는 온 우주에 편만하므로 항상 우
리 주변에서 이를 체득해야 함을 강조한다. 그래서 화
두를 드는 것은 일상생활에서 항상 가능하다. 만일 일
상생활에서 떠나 따로 나아가는 길이 있다면 찾으면 찾
을수록 더욱 멀어지고 만다. 자신의 삶이 곧 통째로 하
나의 화두이다. 그래서 자신을 깨치는 것은 곧 화두를
깨치는 것이고 화두를 깨치는 것은 자신을 깨치는 것이
다. 이것이 간화선 수행의 본래모습이다.

【 참고문헌 】

김진무·노선환 공역,『조사선』서울: 운주사. 2000
김호귀,『선과 수행』서울: 석란. 2008
김호귀,『화두와 좌선』경기도: 살림. 2019
김호귀,『강좌 한국선』서울: 토파민. 2021
김호귀,『인물 한국선종사』경기도: 한국학술정보. 2010
김호귀,『선문답의 세계』서울: 석란. 2005
김호귀,『선문답 강화』서울: 석란. 2009
김호귀,『선문답의 비밀』경기도: 이담. 2012
김호귀,『선문답 연의』서울: 토파민. 2022
김호귀,『묵조선』경기도: 도피안사. 2012
김호귀,『선의 어록』서울: 민족사. 2014
대한불교조계종교육원 편,『고·중세편』서울: 조계종출판사. 1984
대한불교조계종교육원 편,『근·현대편』서울: 조계종출판사. 2015
오용석,『대혜종고 간화선 연구』서울: 해조음. 2015
원공,『중국 인물선종사』서울: 토방. 2010
정성본,『신라선종의 연구』서울: 민족사. 1995
정성본,『선의 역사와 사상』서울: 불교시대사. 1995
한보광,『일본선의 역사』경기도: 여래장. 2001
오기수 쥰도(荻須純道),『禪宗史入門』東京: 平樂寺書店. 1980

스즈끼 테츠오(鈴木哲雄),『唐五代禪宗史』東京: 山喜房
佛書林. 1997
이시이슈도(石井修道) 지음, 김호귀 옮김,『송대 선종사
연구』, 서울: 민족사. 2018
印順,『中國禪宗사』臺北: 正聞出版社. 1988

<용어색인>

〈문헌색인〉

선과 선종

1판 1쇄 인쇄 / 2022년 12월 5일
1판 1쇄 발행 / 2022년 12월 7일

지은이 / 김호귀
발행인 / 향덕성
발행처 / 인쇄출판 토파민
주 소 / 서울 중랑구 용마산로 118길 109

이메일 / gsbus2003@hanmil.net
등 록 / 제 18 - 63호

ISBN 978-89-88131-82-4 03220

값 18,000원